书
里
有
缘

我们心中的怕和爱

水木丁 著

吉林出版集团
时代文艺出版社

图书在版编目（CIP）数据

我们心中的怕和爱/水木丁著. — 长春：时代文艺出版社，2011.10
ISBN 978-7-5387-3846-9

Ⅰ. ①我…　Ⅱ. ①水…　Ⅲ. ①书信集－中国－当代　Ⅳ. ①I267.5

中国版本图书馆CIP数据核字(2011)第223166号

出 品 人　陈　琛

责任编辑　王默涵

本书著作权、版式和装帧设计受国际版权公约和中华人民共和国著作权法保护

本书所有文字、图片和示意图等专用使用权为时代文艺出版社所有

未事先获得时代文艺出版社许可，

本书的任何部分不得以图表、电子、影印、缩拍、录音和其他任何手段

进行复制和转载，违者必究

我们心中的怕和爱

水木丁　著

出版发行/吉林出版集团　时代文艺出版社

地址/长春市泰来街1825号　时代文艺出版社　邮编/130011

总编办/0431-86012927　发行科/0431-86012939

网址/www.shidaichina.com

印刷/三河市延风印装厂

开本/889毫米×1194毫米　1/32　字数/133千字　印张/8

版次/2011年12月第1版　印次/2011年12月第1次印刷　定价/26.00元

图书如有印装错误　请寄回印厂调换

给

那些在生活中

扎手扎脚的孩子们

麦田里的西西弗

十年前开始写作的时候，一心想成为一个大作家，认为写作嘛，除了小说、诗歌、杂文和散文，其他的文字形式简直都是上不了台面的东西。没想到的是，多年后，我的小说还在路上，倒是和读者往来的书信先结集出版了。犹记得当初开始给读者写回信的时候，身边的朋友都揶揄我是"知心姐姐"，其实听到这个词儿特别不爽，因为总感觉这是一种管别人家长里短的闲事的形象，和我的大作家理想相去甚远。但是渐渐地写起来，就改变了想法。假如一个人读了点儿书，谈了点儿恋爱，在经过此生的路上，稍微懂得了点儿道理，还能写点儿文字，那么这些都是生不带来死不带去的经验，你死了，它就跟你一起死了。所以舍不得也没意思，不如就把这些说出来，传给别人，如果对他人有用，这个事儿也不错。至于方式，是小说，还是诗歌……其实倒也无所谓。

日本的文学评论家植村树曾说，这个世界上有两种人。面对很讨厌、很棘手、谁也不愿意去做的事情的时候，一种人会想，反正总会有人来做，所以不用我来做；而另外一种人则觉得，如果没有人来做，那就由我来做吧。植村树说，这后一种人就是村上春树小说里的人物。虽然世界很糟糕，个人的力量微不足道，可是如果没有人把这些事情完成一点，再完成一点，那么它便只有彻底地堕落到深渊里去了。我不是村上春树的粉丝，但看到这句话的时候，却惊讶地发现自己是村上春树作品里的人物。而这一切也不是我自己选择的，只是写着写着，就变成这样了，就像日子过着过着，就变成了这样。于是有一天，我跋山涉水、历尽磨难地走啊走，突然发现自己站在了悬崖边上，我的左手边是一片金黄的麦田，右手边是一望无际的大海。我不想从悬崖上跳下去，就此结束我的生命，但也不想回到原来的世界，于是就选择了待在那里，有小孩子跑过来我就拦住他们，把他们送回到安全的世界里去。也谈不上多高尚吧，只是既然你都已经戳在那里了，总不能就这么眼睁睁地看他们掉下去吧……这种事儿说白了，就是闲着也是无聊，其实真没什么好说的。

很多人喜欢塞林格的《麦田里的守望者》，并以此自拟，而在我看来，塞林格笔下的少年和塞林格本人一样，并没有真正地去做这些别人不愿意做的事，他只是置身于麦田之外提供了一种设想。如果他真的去做了，可能会觉得厌烦透顶吧，因为这样的事情，做起来又具体、又琐碎，根本不美好，总是像家务活一样干也干不完。这脏兮兮的世界，无论怎样都擦不干净，本来内心存有少年时救世的干净清晰的梦想，但最后总是变成西西弗式的烦恼。于是那本书及时地在青春结束之前结束，并且不可能再有第二本。因为如果你十几年后再回到悬崖边，发现那个曾经如风的少年还站在那里，满脸皱纹、白发苍苍，也许你不会觉得这是一个很美好的情景……

　　我不是麦田里的守望者，我是麦田里的西西弗，我被命运引领至此、被写作引领至此的时候已经不年轻，觉得这个地方也不错，于是也就接受了这个任务而已。看读者的来信，给他们回信，并不能让这个世界得到彻底的改变，甚至不能对写信的人给出什么更具体的帮助，但是屋子凌乱，如果不打扫，那么它脏乱的程度就会加重。有些事，如果没有人来做，就由我来做好了。麦田里的守望者也会老，最后摧毁他们梦想的不是狂风暴雨，不是电闪雷鸣，也不是内心的激荡，而是日复一日的琐碎、婆妈的生活，无聊的日出日落，大片大片看腻了的麦田风景，以及艳阳下的空虚、质疑和面对这个世界的无力感。于是一些人出去赚钱，追名逐利，或者干脆连同自己也堕落起来。他们没有像年轻时候以为的那样，被大人们杀死，他们只是变得更富有，他们只是变成了大人而已。而另一些人选择留下来，他们变成了我，他们变成了麦田里的西西弗，西西弗永远不会老。

至于那些写信给我的朋友，我从未觉得我的一封回信就能拯救你们的人生。我读信，我回信，我只是做了命运安排我应该做的事，并且时刻记得，每一个给我写信的你，每一个我选择回信的你，每一个读我回信的你，我们都不是随便地遇到另一个人，我们都是经过跋山涉水、漫漫长路才找到彼此。在我们的人生长河里，这因缘际会的短暂的一瞬，那不是偶然，那是我们的选择。我希望在这美妙的心灵交会的刹那，足以照亮你转身离去的前路，陪伴你走上一阵子。当火把熄灭，希望这点点的温暖还能支撑你继续前行，直到找到新的拿火把的人。至于我，我也许还站在这里，但是请不必挂念，也不必回头，请将我遗忘，只将那刹那的拥抱留在心间吧。

水木丁

目录

小窗

深夜借一股憨劲儿向水木丁表白……

Aria音子/文

当初知道水木丁老师，是高考后翻沈璎璎的博客，上面转载了水木丁的一篇文章——《所谓胜犬，不也不过是一只狗吗？》。那时我还是虎虎生风的小姑娘，胸中氤氲着一团混沌又强烈的"女权"思想，觉得水木丁老师写得实在太太太痛快淋漓了，于是果断戳进新浪的"一个人是一座岛"，一口气看完新旧博文。随后长期潜水围观，从影评、书评、时评、随笔、回信到吐槽，从不放过，一心一意贡献点击数（笑）。

身为一个平凡普通的人，我觉得，一个人的一生，最好要有引路者、陪伴者，修为到一定段数，有追随者也不错。而水木丁，就是我的引路者（羞）。

你我皆知，人生的底色就是孤独，无法治愈且长久不散的孤独。整个人生，就是不断寻找人、事、物来填充孤独，却最终徒劳，走向最大的孤独——死亡的过程。心地越干净，孤独越清晰，直至在每个辗转的夜晚都像放大的雨滴敲打耳帘。我们就别指望去抗拒了，只能接受。这么一想，还真有点绝望是不是？

但是没有关系，每当想到有水木丁老师这样的人，他们心地温和纯净，他们的人生观、世界观、各种观，可能比我们要完整坚固，他们愿意在经过的宽畅也好、坎坷也罢的路上给我们留个记号。这些记号并不是要叮嘱我们该怎么走，而是告诉我们，这路上曾有他们的存在，暗示我们不管前方怎样，脚踏实地走下去就是了。他们和我们一样与孤独为伴，于是我们大家的孤独，就都没有那么冷冰冰，而有了一种遥相呼应的惺惺相惜，就好像两片不同海域里的灯塔，没见过面，但能感应到对方的一缕清光。

我有时候想，组里这些真心喜欢水木丁老师的岛民们可能有几个共同点：爱好文艺，颇有才华；温和低调，不好争论；不招惹傻瓜，也有足够的气场压倒找上门来的傻瓜；对构建社会关系网始终持保守态度，但与人相处却从不缺少幽默感与亲和力，身边最不缺的就是靠谱的闺密。

借着一股突突外冒的憨力表白了……羞涩飘走。

(此文来自豆瓣水木丁小组http://www.douban.com/group/solitudeisland/)

你还年轻

依然美好

好爱情，坏爱情

水木丁：

　　你好。

　　我喜欢你的温暖和睿智，喜欢你的直接与率真，所以现在希望能从我喜欢的、敬佩的人那里得到点建议。事情很简单，我和我的男友分手了。我为他付出了很多，包括女孩的第一次，也为他流过产。你可以说我傻，也可以说我悲哀，但是那个时候我深爱他，相信他，所以没有什么难受的。当然，现在我明白了，真正深爱你的人是不会让你受到这么大的伤害的。我想我还是幸福的，有爱我的父母兄长，有良好的家境，有很好的朋友。但是年少无知，自己不自尊自爱，现在弄成这样，也可以说是咎由自取。但我仍相信自己是个很好的姑娘。

　　分手的时候，他说了很多冠冕堂皇的话，我没有怨恨，也没有纠缠什么。已经被疯狗咬了一口，我不能再伤害自己了。只是午夜梦回，我仍会想起从前，也会有不切实际的想法，比如再重新开始怎么样，但也庆幸我从来没有实践过。我情愿把他想得不是那么难堪，相信他是有苦衷的，以此来安慰自己。这样矛盾的状态，这样矛盾的想法，是不是很可笑呢？

水木丁，我不是想让你告诉我未来该作怎样的决定，决定一个陌生人的未来也会有很大的压力吧？怎么说呢？可能是因为很多东西没法儿跟朋友深谈，又怕憋在心里会逐渐生根，会让自己成为一个更糟的人。所以，我渴望找到一个宣泄的出口，渴望能从有着别样人生的人那里听取些意见。比如，能够告诉二十岁的我不要错过些什么，不要遗憾些什么，怎么看清未来的路。

我大概希望你能骂我一顿，让我清醒一下吧。谢谢你看完这封邮件，真的很感谢，因为我感觉到了自己的语无伦次，不希望这封邮件让你心情不好。

一个傻傻的姑娘

傻傻的姑娘:

你好!

看了你的信,不知道写点什么给你才好。你当然明白我不会帮你决定你的人生,我不擅长也不喜欢那一套。不过如果我告诉你我看到你的信之后的感觉,是为你感到高兴,而不是其他的什么,你大概会感觉很奇怪吧。

很多很多年前,在一本杂志上读到王朔的《一半是海水,一半是火焰》。我那时候不喜欢王朔,觉得他是个流氓、痞子。但里面的一个情节,我却至今记忆犹新。一个姑娘,半夜和两个陌生的年轻人去海滩玩,结果被强奸了。男主人公最后在海滩上找到她,能说什么呢?姑娘自己也有错。最后,他只对她说了一句话: "你还年轻,依然漂亮。"我当时莫名其妙地就记住了这句话。仅管当时我觉得这句话太轻浮、太玩世不恭了。但是后来,当我在生活中遇到很多事的时候,不知怎么,就会一直想起这句话来。然后才明白,这句话,还真挺有用。所以,在这里,我就把它改改送给你吧。因为我没有见过你,不知道你漂亮与否,那么我就把它改成"你还年轻,依然美好"送给你好了。这句"咒语"当然是有保质期的,但在保质期内,遇到问题的时候就拿出来念念,多少会有点效果。

其实，也就是为了这点美好，我才会为你感到高兴。因为我在你的字里行间，除了痛苦之外，还读出了一种隐隐的有力量的东西，这是对未来的希望，是生命的活力，以及一颗善良的心。而这些，都说明你是一个心智健康的孩子。这个世界，是只有心智健康的孩子才能生存下去的，所以，我为此而替你感到高兴。伤害让一些人一蹶不振，却可以让另外一些人的内心更加有力量，破茧成蝶。我看得出来，你将会是后一种人。我想，你应该感谢家人给你的爱，让你成为这样健康的你，这已经足够好了。

至于你的爱情嘛，我不了解情况，不好乱说。我只知道很多女孩都认为，每一个爱情，只要你尽力去爱了，就都是伟大的。然而，从我自己的角度来看，这世界上的确是有好爱情和坏爱情之分的，区分的方式也没那么复杂：好的爱情、好的爱人，能激发你更好的一面，使你成为更好的人；而坏的爱情，只会让你变成更糟糕的人而已。在一场糟糕的爱情里，人们会发现：我本来是一个不贪财的女人呀，为什么遇到他之后却变得对钱财斤斤计较呢？我本来是一个很大方的女人呀，为什么遇到一个经常关机玩失踪的男人就变成了疑神疑鬼的怨妇？我本来是一个很绅士的男人啊，为什么最后却像魔鬼一样冲女人挥起了拳头……我想这才是一场坏爱情最糟糕的地方，它会唤起我们内心阴暗的一面，让我们越来越恶形恶状，引发我们内心潜在的各种负面情绪，让我们渐渐变成连我们自己都不喜欢的人。而一个人要是不喜欢自己了，就会焦虑、纠结、神经兮兮。所以，人，不要做自己都不喜欢的人。这不是自恋，这是生存下去的唯一出路。

爱情，就是这样神奇，好的和坏的一样神奇。有时候，我会和身边的朋友说不要去嫉妒、报复或者怨恨，并不是为了让我们成为一个圣女，而是这些负面的情感，真的会在一个人的内心深处生根、发芽。十年以后，该分手的还是会分手，但是你却已经变成了一个不美好、不可爱的人，最终丧失了爱的能力和感受幸福的能力，这才是最悲哀的事。贾宝玉曾经说过，女人是水做的。其实这也是很多男人喜欢年轻女孩的原因之一。好多中年妇女，会以为男人只是不爱她们的身体，但其实，是因为她们真的已经变得不那么让人爱了而已。她们的心，已经累积了那么多的抱怨、恨、怀疑、不满、算计……她们如何能让人觉得和她们恋爱是一件美好的事呢？后来的男人，有什么责任要去承担之前的她留下的种种负担呢？而年轻的女孩，就像清澈的泉水一样，她们还没来得及受伤害，还没有被这些东西感染，所以很多老男人喜欢年轻的女孩，除了她们年轻的身体，还有她们干净、阳光的心。而且，从另一方面来讲，很多老男人的心，也是早就乌烟瘴气、乌七八糟的了，这个道理，男女通用，反过来亦是一样的。

谁能保证自己就一辈子不受伤害呢？谁又能一辈子在糖罐里泡大，不受负面影响的侵蚀呢？所以佛家有"心性是要靠养的"一说。谈过一次失败的恋爱之后，你要计划你的未来，但更重要的是要好好爱护和养护你的心，把那些负面的浊气排除，让心干净起来。要警惕已经离开你的人在你的心里留下的阴霾的种子，把你的心变成了丑陋的心，有一天这丑陋从心底里漾了出来，甚至会写在你的脸上。年轻的女孩没有经过恋爱的磨炼，她们干净的心，是雏鸟的纯洁。但那些经过了爱情的沧桑，依然能够去除浊气、守住自己的一颗心、干干净净的女人，是涅槃的凤凰。涅槃重生，那是需要力量、勇气和智慧的，并非仅仅靠善良就可以。所以，你现在应该知道我为什么会为你感到高兴了吧？审视自己的心，你也该为自己感到高兴才是。"你还年轻，依然美好。"还有什么比这更重要、更值得庆幸的事吗？至于其他的，不如让时间来解决吧。

死了一百万次的猫

水木丁：

你好。

如今，我的生活偏离了常轨。我失去了体面的工作，曾经长期混迹聊天室，多次一夜情。我接触的人有一天只能吃一顿饭的社会最底层，有白天光鲜夜晚绝望的"500强"企业精英。我知道有人因为性心理障碍一把椅子坐到天亮；有人无法自持，走上了歧途。这真是一个疯狂的世界。失去生活重心的我，夜深人静的时候，也绝望得想自杀。

写这封信的时候，我还在看你的那篇博客，我又流泪了。这一次眼泪是流往下巴的。可是你，有没有这样的时候？只有当泪水滑过耳廓的边缘，当你感觉到那一丝丝的冰凉，你才意识到自己哭了。你说我还正常吗，亲爱的水木丁小朋友？

Claire（克莱尔）

*　*　*

Claire：

你好。

看了你的信，我想起前不久看过的一个故事：《活了一百万次的猫》。

有一只活了一百万次的猫，它死过一百万次，也活过一百万次。它是一只有老虎斑纹、很气派的猫。有一百万个人疼爱过这只猫，也有一百万个人在这只猫死的时候，为它哭泣。但是，这只猫却从没掉过一滴眼泪。它曾经是国王的猫，也曾经是水手的猫，曾经是小女孩的猫，也曾经是属于自己的野猫。但是，它谁也不在乎，它对活着或者死去都不在乎，它经常会说，"我可是活过一百万次的猫啊"。直到后来，它遇到了一只连一次都没有活完的小白猫。这只活过一百万次的猫渐渐爱上了这只小白猫，它们生了很多小猫。可是有一天，小白猫突然死掉了。活了一百万次的猫悲痛欲绝，在它活过

026

一百万次的生命里，它第一次哭了，它从白天哭到晚上，哭了一天又一天，最后，它哭了足足一百万次，终于停止了哭泣。这一次，它死掉了，再也没有活过来。

其实，我想说的是，我真的并不怎么喜欢"坚强"这个词儿，也不大喜欢被人称为坚强的女性。因为这个词儿，有一种天然的和生活较劲儿的拧巴气质。这几年，我开始不再把生活当做我的敌人，就开始不觉得"坚强"这个词儿是什么褒义词了。前两天，北京有家报纸的记者姑娘想要采访我，被我拒绝了。她说，想让我代表单身女性聊聊自己的生活，我说我谁也代表不了。她说，听说我主张不结婚，宣称一个人是一座岛，我说我从没有主张过任何事，生活就是生活，不需要主张什么，无论是单身的还是结婚的，好好过日子就是了。所以你看，人们的思维方式有时候就是这样，总想着和生活对抗，总会说自己够不够坚强，别人够不够坚强什么的。可是，日子是我们自己的，我们要坚强干吗呢？

所以，我并不是因为坚强才能够活下去的，而是因为我知道，我就是那只活了一百万次的猫。这个世界上，有的人天生命好，有的人注定要历经磨难，命和命是不能比的，但是注定历经磨难的人，也可以骄傲地说："我可是活过一百万次的猫呢！"死过一百万次，活过一百万次，都只是为了懂得生活要教给我们的事，这是我们必须要完成的课题。而每个人，大概都有他自己必须要完成的使命。我也曾经设想过我的生活应该是什么样子，应该得到什么东西，但是生活总是会给我另外的一些，却偏偏不给我渴求的那些。这是一个讽刺。但是后来我渐渐发现，也许冥冥之中，那些欺骗、失去、伤害、痛苦，所有的这些，都是为了让你明白你必须明白的事。不知道你有没有过觉得生活好像是故意和你作对一样，无论怎样努力，怎样改变自己，都是同样的结果？我有过，所有的痛苦、绝望、愤怒……我都体会过。但是后来，我想明白了，人的一辈子就像是上一所大学，而且在这所大学里，根本没什么选修课，只有必修课，你学不会，就再学一遍吧，就这样一遍又一遍直到你学会为止。痛苦，也只能承受一遍又一遍，否则就无法毕业。而那些生活简单而美好的人，他们大概念的就只有小学吧，轻松、容易，但这并不关我们的事啊。所以，让我们回到信的开头的那个故事，那只活过一百万次的猫，它死过一百万次，又活过来了，是因为它一直没有学会人生的必修课。直到最后，当它终于懂得爱是美的，也是疼的，泪水是咸的。悲伤证明，活过一百万次的生命，那不是一场幻觉。它才可以真的死得彻底，并，永不再来。

我想我和弗里达一样，并不愿再重新活一遍，所以虽然活得很不耐烦，我也要在此生，认真学习生活教我的道理，完成我的作业。你呢，你有认真想过你的生活要教给你什么吗？有认真听过你自己的心吗？有认真跟从你的心去生活吗？我并不想对一夜情这样的事情妄加道德上的批判。可是，身为女人，你要的真的只是性吗？或者，其实我们需要的是被人爱？而那些不爱你的，你也不爱的陌生人，他们到底能给你什么呢？这一点，我很怀疑。这是和生活对抗的方式吗？这是在和生活索要一点点温暖的方式？抑或是自我毁灭的方式，以示对生活的不合作，自我流放？可如果这样子的话，你如何能听到生活到底要告诉你什么呢？你问我这样的生活到底正常不正常。正常又怎样，不正常又怎样？就算真的不正常，也没有影响到他人的生活，谁又管得着呢？可见，这根本不是问题的关键，不是吗？

死过一百万次的猫，最后终于懂得了什么是爱。可是亲爱的，若你的痛苦都不能教会你什么，那么你死了一百万次，都是白死了啊。

爱情这东西我明白，但男人是什么

水木丁:

　　你好。

　　我的男朋友是一个程序员。每当他接了一单活儿，开始工作的时候，他就开始不正常了。他会随随便便骂人，不管我做任何事情，说任何话，都会被他骂。有时我索性就不说话了，可他又会说:"让你说为什么不说了?"这个周末，他又有工作。我就躲在卧室，他喊我吃饭的时候，我才会出去。吃完饭，他就开始继续工作，我来收拾东西，他就会着急地说:"你烦不烦啊，站我跟前晃来晃去的，我要编软件，你影响到我了，你赶紧回去吧……"我就说那我马上回家，他却说好不容易来一趟，多玩一阵子。我说好，他过会儿又开始发癫让我走。我就说那我买明天的飞机票好了，他又不让我走了。反反复复，我都快疯了。最后，我终于毅然决然地走了。

　　还有一次，他工作的时候，我打电话告诉他，说给他寄了礼物。他开始挺开心的，还说谢谢我，我说不用谢我，我们之间不需要谢谢（因为希望听他说爱我）。没想到，他的态度立马来个转变，骂我思想有问题，浪费时间买什么破礼物。之后就跟我断绝了联系。随即消失了两个月，一头扎在工作里。工作结束之后，他再找我的时候，还跟以前一样那么亲。

　　我该怎么办啊？

　　希望能得到你的回信。

　　谢谢。

M

* * *

M：

　　你好。

　　看到你的这封信，我一度有点怀疑你是不是把信发错人了，因为你提的这些问题，都是报纸杂志上情感专栏的标准问题。通常，回信的人也都会给出标准答案，比如"你应该和你男朋友沟通一下"，或者建议你分手，或者建议你多多理解他，或者告诉你以后他如果这样你就怎样做，如果那样你再怎样做等等。你要知道我这里从来没有这些你想看到的话，所以你问我怎么办，老实说，我当然可以如上所述教你一番。但是这些废话，连我自己都不相信它真的能够药到病除，所以我也懒得说。

不过，你的这封信，让我想起前几天我和一个朋友边吃冰激凌边闲扯的时候，突然想通了的一点，就是其实男人都有第三者。虽然不是百分百，但也是百分之九十九吧。当然，我所说的这个第三者不是通常意义上讲的那种小三儿插足的，而是包括了所有对事业、功名、金钱种种方面的追求。不信，你可以仔细观察一下身边的男人、男孩。几乎没有几个男人，可以像女人一样把自己全部的心思和精力放在感情和自己的小日子上，即使他们在事业上没有野心，没有上进心，不是成天看书学习什么的，他们还可以成宿成宿玩游戏、打网游，或是和哥们儿喝酒、钓鱼、打篮球……至于对爱人的专注，多说也就是那么一两年而已。所以说，就我自己的观察和经验来说，男人中的绝大多数，天生就不是把爱情放在最重要位置的人，也许曾经最重要，但不会永远。只不过对于大多数女人来说，只要这个第三者不是一个大活人,就一切都还可以考虑接受。相比之下,对很多女人而言,她们从小所受到的传统教育就是:爱情、男人,既是个人生活,也是毕生的事业。男人们总是说,他是为了"我们"在打拼天下,但其实,他只是在为了"我"打拼天下而已,只不过很多男人是把女人也纳入属于"我"的这个范畴之内的。所以,要说为了"我们",也是说得过去的。在这件事上,他们倒不是在撒谎,他们只是真诚地相信"我"即"我们"而已。

当然,得说句公道话,把爱情摆在第一位的男人,会有被人怀疑没出息的可能,从这点上来说,男人也有男人的难处。你说男人自私?也许吧。其实女人也一样自私,只不过很多女人在恋爱中根本就没有自我,她们毕生的事业,未来的经济保障都是要依靠男人的,她们有的只是男人口中的"我们",所以她貌似不自私,只是因为没有"自己"可私而已。

我有一个朋友,老公是出类拔萃的科学家——大概就像你男朋友这样,年纪轻轻就是名牌高校的副院长,此人人品好,绝对不会在外面乱搞,因为几乎所有的时间都待在实验室里。所以我这个朋友,生活上的安定是没得说,大家都羡慕她。但是她常常独守空房,永远在等待之中度日,没人能理解她的痛苦。一起出去玩,别人听说她有老公,都非常吃惊，因为她有老公就像没老公一样。有一次她和我说，她老公明确告诉她，自己人生中最重要的是事业，其他的都排在后面。她说的时候很难过，我听了也很心疼，但是也帮不了她。你现在来问我该怎么办？其实你想问的是该拿你男朋友怎么办。我只能告诉你，我们办得了的人只有自己。

办不了，就不办。坦率地说，写到这里，我又一次有点怀疑你的信是不是给错人了，因为如果你写信给其他的大妈大姐们，想必她们立刻会想各种各样的办法来帮你解决掉你的男人，把他给办了。但是，最近这几年来，我已经懒得去想怎么"办"男人了。女人一辈子都在学习怎么对付男人，都在研究琢磨男人的心思心理，怎么讨好他们，怎么取悦他们，怎么管理他们。书店里一本本的书都是在教女人这个，他爱我、他不爱我……每次看到这些，我都觉得非常消化不良。但是很少有一本书是教男人怎么认识女人的。即使有，男人们也不爱看。他们不琢磨我们、不研究我们，至少不像我们花这么大的工夫像对付他们那样来对付我们。如果他们有多余的精力，他们宁愿去研究程序、研究钓鱼，或在体育场上挥洒汗水。对于你男朋友来说，琢磨程序比琢磨一个成天琢磨他的女人更有意思，更有成就感。这话听起来比较伤人，却是句大实话。对于女人来说，如果能接受对于自己的男人来说，这世界上有很多比自己有趣的东西的事实，那日子可能会好过一些吧。因为如果一个男人成天琢磨女人的话，那一个女人就不可能满足他了。想想看，好不容易练成一种绝世武功的人，怎么会随便退出江湖呢？多可惜啊，搁你你也不干啊！那时候能满足他的，要么是多个女人，要么就只能是比程序还复杂多变的女人，我肯定不行，我估计你也不行。

所以，男人有时候很简单，问题其实也不复杂，但是，你眼瞅着问题出在哪儿，你就是拿他们没办法。坦率地说，一个男人要是拿他平时娱乐时间的一半出来琢磨琢磨女人是怎么回事，天下就有很多婚姻相安无事了。但是，他们就是不想。所以，这是没办法的事。爱情是什么，怎么做是对的，怎么做是错的，每个人都能讲一堆道理。但是，如果靠讲道理就能把人给办了，那日子就不叫日子了，叫情感专栏算了。能改变自己的人只有自己，而我们能改变的也只有自己。你实在要问我怎么办，其实也很简单，没有答案的问题的答案永远只有一个，那就是放弃问题，少琢磨点他，多琢磨一下你自己。也许，你开始琢磨你自己了，你的男朋友也就会开始琢磨一下你了。

标准化人生的标准化幸福

水木丁老师：

　　您好。

　　看您的博客有段时间了。其实这个问题一直困扰着我，只是这次突然想要找人说说，因为我自己实在想不明白。

　　刚刚，相亲的第二十二个男人跟我说："我们还是做朋友吧。当初是想好好处一下的，可是现在发现我还是喜欢一个人的感觉。"

　　我觉得有点可笑。这话傻子都明白，就是没看上我，干吗说得那么冠冕堂皇，还白白浪费我两周的时间，吃饭、看电影、聊QQ。当我觉得前方有一丝幸福的光亮的时候，它却又消失了。我不是难过，只是失望。

　　在过去的二十五年里，我一次真正的恋爱都没谈过，想想其实有点可笑——一个正常的女孩子，学业成功，工作算稳定，长得起码对得起观众，身材也高挑，周围朋友不少，大家都很喜欢我，可是偏偏这么多年，没有一个能好好恋爱的人。

自己也曾想过，其实只是缘分没到而已，或者幸福不单单是人生中的爱情，还有亲情、友情等等，可是好像得不到的永远都最珍贵，偏偏我最期盼的就是那种小小的爱情。可是自己现在害怕了，前面的路不知道该怎么走了。即使是相亲，即使是只见了一面的人也还是会有情感的付出，这样一次次地失望，还有多远才能看见幸福呢？

明微

* * *

明微：

你好。

你如果问我幸福与否，我的回答是：还好，虽然生活中有很多的缺憾，但是，还好。因为我知道人生本来就有很多的遗憾和无奈，这不是人生的附属品，这是人生本身。所以，我就会觉得，这样的人生也还算不错。比如昨天晚上，我给自己买了半斤虾，回来煮了，喝着小酒、看着美剧把它们消灭了；比如说我刚才回信这工夫，北京正在下瓢泼大雨，我就在屋子里蹿来蹿去，趴在阳台上看下雨，兴奋得鬼叫鬼叫的。我觉得这人生也很美好，也很幸福。当然，你说这幸福有多么巨大，倒也没有，我本来就不相信幸福是一种很巨大的东西。相反，痛苦倒经常是巨大的。幸福的感觉总是以点的形式存在的，任何快乐、高兴，都是稍纵即逝的感觉，感觉过后都是空虚的，就算是身在幸福之中，习惯了也会麻木，无法感知幸福。而孤独痛苦反倒是常常以巨大的形式存在的，它可以压得人透不过气来，而且可以长久地包围着我们，笼罩着我们。所以，孤独痛苦才是人生的底色。而幸福，只是点缀在上面的小星星。区别在于，有的人的星星多，有的人的星星少；有的人学会了在孤独中解脱，有的人则被孤独吞没。

在这个处处讲究标准的社会里，人们总是一相情愿地以为，幸福这个东西，可以用标准来衡量：你有车有房，一颗星；家财万贯，两颗星；工作顺利，一颗星；有个不错的老公，一颗星……可是，当你在内心深处把所有这些星都加完之后，不知道你有没有发现，所有的这些星，都是来自他人、他物，没有一颗是来自你自己的内心，是真正属于你自己的。它们得到都很不容易，失去却都很容易。于是，我们拥有了幸福之后依然焦虑，开始患得患失。

同理，这也可以应用在中国人的爱情观上。我读你的信，虽然没有看到你罗列出想要的男朋友是什么条件的，但是我看到你罗列的自己的条件，大概也知道，这是一个什么样的模式。我想起有个朋友在她的博客上写过的一个段子："一个朋友逼问她：'你到底要找个什么条件的？'她想了半天说：'我想找个能让我笑的。'然后那朋友恍然大悟地说：'哦，原来你喜欢郭德纲。'"我朋友的答案看上去很莫名其妙，却最贴近爱情和幸福的本质。就像你相了二十二次亲，介绍人肯定会说他的工作是什么啊，是什么职称啊，然后介绍你的家境如何啊，身高如何啊。但是如果你和介绍人说"我要找个好玩的人，找个懂得爱的人，善良的人"，那介绍人非崩溃了不可。可是，难道这些，不才是我们得以爱上一个人的本质吗？反过来说，这些，不也才是我们能够被人爱的本质吗？人们常常觉得这些都是虚的，有趣啊，能逗你开心啊，有爱的能力啊……这些都不能当饭吃。可我不这么认为，我觉得我说的这些其实一点儿也不是精神层面上的虚妄之谈，其实是生活中很现实的一面。在两个人相濡以沫的漫长岁月里，当大家变成老夫老妻的时候，不就是靠你哄我开心、我哄你开心一起走下去的吗？要知道，人在慢慢长大之后，没有了救赎情结之后，谁都会希望能和一个乐观幸福的人在一起。谁都知道，和创造幸福的人在一起才有幸福可言，才可能是笑口常开的。两个人都很无趣，都在等着别人逗自己开心，最后只能是两个人都活得无聊而已。

我曾经看到过有的男人以标准方式来择偶，二选一地选择了那个所谓"适合"自己的、条件好的女孩，结婚之后又觉得人生无聊，四处搞婚外情；也曾经听过女人愤愤不平地说，"我条件这么好，他凭什么不爱我"。可是，就算你有车有房、你前途无量，这些标准都和爱情无关啊，你能让人家和你待在一起感到幸福吗？你会让他笑吗？你想寻找被爱的感觉，那你自己有爱的能力吗？我们时常质问生活为什么不给我们幸福，却常常忘记了问问我们自己，你有给别人幸福的能力吗？最重要的是，你能给自己幸福吗？你有好好享受你的生活，而不是像无头苍蝇一样东奔西跑、向生活要这要那吗？你能不依靠别人，自己有感知幸福的能力吗？要知道，这是很重要的一点，因为一个人要是连自己都没本事哄开心了，你还能指望他把谁哄开心了呢？

你问我幸福到底有多远？如果你指的是这样的标准化人生的标准化"幸福"的话，这个问题没人能回答你。人生无常，没有人是预言家。不过，我记得赖声川老师曾经说过一句话，"人年轻的时候，总是向外看，向外去寻找。但当年纪渐渐大了，就要开始学习向内心看、向内心去寻找了"。我想，如果你能开始学习放下这些外在的、标准化的东西，懂得跟从本心，寻找内心的自己，也许有一天，你终究会明白：原来幸福并不遥远，它就在你的心里。也许那个时候，爱情才会不请自来吧。

恋上一个老男人的前世今生

水木丁：

　　你好！

　　我是一个二十四岁的女孩，在上海工作。毕业那年我认识了他，我们在网上认识的，他比我大八岁。

　　一开始，我们并没有约定什么，他一直在我生活的边缘地带，后来他出国多年，我们只是邮件联系。但我有QQ，就会加他。他有MSN也会加我，所以一直没有失去联系。后来他回国了，我们见面后，他便开始正式追求我。

　　那种感觉好亲切，他就像我的兄长。我们拉着手在弄堂里散步，下雨了，他自然地把外套脱下来给我遮雨，这一切都让我既感慨又不能自拔。他那么有耐心，容忍我的任性，照顾我的生活，怜惜我的粗心。他说他这辈子不能没有我，我以为我遇到了前世的姻缘，这辈子的真命天子。我真的认为，只要有一段好的感情，人生就会被照亮，其他一切都不重要。

　　就这样，我们在一起了两年，但是慢慢地，我发现他有时会不接电话，他的生活也对我有所保留，有些事无论我怎么问他都不告诉我，有时候我觉得好像并不了解他。他离过婚，有一个女儿，感情上受过很深的伤害；而于我，他却是初恋。我无法忍受这种不坦诚的关系，几次和他提出分手，都被他挽回。但是前几天，他的前妻带着孩子回国，他完全没有任何征兆地就失踪了好多天，等到他再若无其事地回到我身边时，却连个解释也没有给我。最后，我们大吵了一架。他说我太任性，我伤害到他，我的逼迫让他害怕，说自己还没考虑要不要再结婚，说要冷静地考虑几天，于是再次失踪了。

　　一个说这辈子不能没有我的男人，却如此绝情地对待我，难道他当初说的都是骗我的吗？那为什么要对我那么好呢？这几天我找不到他，特别是夜深人静、打他电话关机的时候，我就会一个人关在房间里号啕大哭，我甚至想过自杀，想过让他后悔。但我又反复地想，是不是我自己做错了？其实男人也可以保留自己的神秘空间，我不该追究过多。也许这样，我还能留住一段美好的爱情，至少他不会离开我！

给你写信，并不是要诉苦，而是想问问你，我做得对吗？请你帮帮我。

Anita（安妮塔）

* * *

Anita：

你好。

想想现在的小女生好像挺喜欢找老男人的，所以就干脆聊聊这个话题了。关于老男人，我记得我嫂子曾经跟我说过一个她得出的结论，挺有意思的，也说来给大家听听。

当年我嫂子怀孕的时候，自己一个人没事出去溜达，因为开车不安全，所以就挺着个大肚子去坐地铁。这样溜达了一段时间，她就得出了一个结论，说哪种人会站起来给孕妇让座：第一种是年轻的男孩，第二种是年纪大点的中年妇女，第三种是年轻的女孩，最后一种，才是中年老男人。我曾经就此结论向一中年老男人求证，他也很坦率地承认，在地铁里他是不会给一个孕妇让座的。而年轻的女孩很少会去让座，我想是因为我们的这个社会对于年轻的女孩比较娇宠的缘故，以致她们大多缺少这种意识。但老男人不让座，理由则是，凭什么我要给你让座，生孩子很了不起吗？

所以你看，我并不是想批评老男人不好，让座不让座，都是个人的自由，每个人都有自己的理由，这个不应该由我们来加以道德上的评判。我只是说，老男人，他们有很多优点，但是，他们也是普通人而已，也没有很多年轻女孩想象的那么好。事实上，我觉得长久以来，很多年轻女孩子看的言情小说，其实是把这一群人过于神话了。一个年轻姑娘，单纯善良，也许貌不惊人，但性格很阳光、很开朗，然后碰到一个历经沧桑的老男人，这老男人最好是功成名就的，他也曾荒唐过，但是碰到年轻女孩之后，他就突然醒悟，意识到自己从前的生活是多么的堕落，于是彻底改过，重新做人，从此和年轻的女孩幸福地生活在了一起。

这样的简·爱式的故事，曾经打动过无数的年轻姑娘，也打动过我。到现在，这样的故事还在以不同的版本重新演绎，造成姑娘们对"老男人"这个词的迷信。就拿给我写信的一个姑娘来说，她反复追问我，为什么她谈了一两年的老男人可以说不爱就不爱了。我真的没有办法告诉她，一个人四十年的人生，你只占了二十分之一的时间，还是最后的两年，你以为你自己有多了解他？你以为这两年来的爱就能占据他整个的一生，抗衡他曾有过的所有回忆？这想法太天真。其实真的未必。从另一个角度来说，人性是复杂的，他自己都未必真的知道自己是怎么回事。

不是想批判老男人。举个例子来说吧，我的一个朋友，一个老男人，因为年轻时候受过很多伤害，所以他从来没有善待过除他前妻以外的其他任何女人。因为招惹过比较泼辣的女人，有过一些麻烦，给他留下了一些心理上的阴影，他甚至始终不肯带他现在的女朋友回他的家。也许这只是一个托词，另外会有其他的原因。但是无论如何，这是一个无法走入一段正常关系里的男人。他完全不会意识到，从前其他女人对他做过的一些不好的事情，甚至是其他人对他做过的一些不好的事情，正在报应到现在这个很爱他的女朋友身上，别的女人给他的伤害，影响了他对女人整体的认知，这些都要由他现在的女朋友来承担。这对现在这个女朋友是不公平的。但是，人往往就是这样，只会为自己遭受的不公平而怨恨，时时保护自己不再受伤害、不再惹麻烦，却对自己给别人造成的不公平视而不见。这个世界上，肯反省自己的人，终究不多。

我曾经看过一篇心理学的报道，说有过幸福健康婚史的男人在丧偶或者离异之后都往往更容易重新进入一段新的婚姻生活，而那些曾经备受折磨和摧残的男人往往很难进入一段正常的关系，他们会选择很长时间的过渡，甚至是终生独身。所以，如果你作为后者这样一个男人的女朋友，你要上哪儿说理去？你去怪他吗？他也的确有他的苦衷，他只是顺其自然，按照他的人生轨迹成为了现在的他。你去怪他前妻、前女友吗？她们又该去怪谁呢？

　　不要太迷信"历尽沧桑"这样的事了，这个世界上有很多历尽沧桑的男人和女人，他们并不是每个人都能够在死后重生，脱胎换骨，凤凰涅槃。你问我为什么你的老男人会对你这么残忍，茉莉亚·比诺什在《毁灭》里曾经说过一句很经典的话："受过伤害的人是危险的，因为他们最懂得保护自己。"你的老男人可能并不是要故意伤害你，但是他们一旦决定要为自己的利益保护自己的时候，他们就可以对任何人残忍，采取任何的方式。你要说为什么，他们为什么会这样？你并没有要伤害他啊！其实，鬼才知道他们为什么呢。他们那颗错综复杂的老灵魂，敏感到一塌糊涂。你根本就搞不清楚你什么时候会触动他的哪段不美好的记忆，他的哪根神经又搭错了。他们自己不说，你就永远也别想有答案，何况他们也许自己都不知道答案。所以我说，姑娘们，也不要太迷信你自己纯洁的灵魂就能解决他的一切历史遗留问题，拯救他于苦难。年轻的姑娘很多有纯洁的灵魂的，对于老男人来说，你的纯洁的灵魂也并不是什么稀罕之物，和其他姑娘的并没有不同。别老想象自己是天使的化身，以为自己能干一些上帝才能做到的事。

"因为懂得，所以慈悲"，这是张爱玲经常被引用，也经常被人拿出来嘲笑的一句话，嘲笑它的人，往往是觉得它酸腐，但是我自己很喜欢。"懂得"并没有什么稀罕，在经历了一些事情之后，很多人都会懂得一些道理、规律、技巧。但是懂得了，还能慈悲的人，才是真正有赤子之心的人。很多人嘲笑这句话，是因为他们不知道，"懂得"的这条道路，还可以把人引领到另外的一个结果上去——"因为懂得，所以残忍"，而且懂得的人一旦残忍起来，会更残忍，更会残忍。我常常想，那些嘲笑"因为懂得，所以慈悲"的人，他们不知道，被人慈悲地对待，起码是一件幸运的事。如果他们真的见识过"因为懂得，所以残忍"的人，他们是否还能嘲笑得起来？其实，一个人一旦懂得太多，也就意味着，他们有多少经验可以爱护你，就可以有多少经验来伤害你。所不同的，只是他们的那颗心，到底是残忍的，还是慈悲的。至于残忍有没有错？狮子有没有错？鳄鱼有没有错？这只是最后形成的某种达尔文式的天性而已，无他。

人老了，懂得太多了，慈悲和残忍，有时候只在于他自己决定要走哪条路，这就要看每个人自己的悟性了。历尽沧桑后，还能驱逐那些惨痛经历所带来的负面的杂质，依旧相信爱情，还能有力气去爱别人的男人也还有，这就更是不仅仅看悟性，还要看胸怀了。换句话说，不管男人还是女人，如果人人都能做到懂得而慈悲，这所谓的赤子之心，也就没什么稀罕的了。

老男人到底是好还是坏？好，也没有那么好；坏，也不至于那么坏。如果有需要，他们的好处我也可以罗列出一大堆来，不过很多人已经运用文学的手段做过这件事。有句话说得好："Each time you sleep with someone, you also sleep with his past.（每次你和别人共眠时，你也和他的过去睡在一起。）" 你要和一个老男人谈恋爱，你就注定了不是在和他一个人谈恋爱，你是在和他的家庭、他的前女友、他的前妻、他的孩子，在和你缺席了四十年的他的一切谈恋爱。作为一个后来的女人，其实你改变不了他什么，除非他自己想改变。人性是复杂的，你要找一个老男人，就不要只以为自己可以摘现成的果子吃那么简单。他的房子车子是你的，他的成熟知性是你的，他的珍惜知足也是你的，这个世界上哪有这么好的事儿啊，别忘记了，他曾经受到的伤害也是你的，他负面的情绪也是你的，他对这个世界、对爱情的不信任也是你的。天堂或者地狱，都有可能。但是你至少要知道，人家的头四十年没有你的事，也不是为了等待你的到来而准备的，你要么就不要爱，爱了，就要认命，哪怕是下地狱，哪怕是被抛弃的命。你可以离开，也可以死等拨云见日的那一天，但是，没有人强迫你，不要怨。

他的人生，就由他自己去走完吧。他已经没有一辈子可以给你了，他想不想把他的后半辈子给你，只有他自己能决定。人家头四十年都没有你，也一样过来了，后四十年没有你，也不见得就得去死。他们早就练就了一身不需要任何人也能活下去的本领。所谓的"不能没有你"，就当是句一时的情话，忘了吧！这是一句骗人的话吗？不，我宁愿相信，这是他们也曾真诚地期望自己去相信的一句话。

处女情结也是一种择偶观

水木丁:

　　你好!

　　一次偶然的机会,看过你回的一封关于好爱情坏爱情的信,看得我很感动。"你还年轻,依然美好。"说得真好。今天心情很糟糕,也想说说我的故事。

　　在我还是个懵懂的单纯女孩的时候,遇到了生命中的第一个男朋友。想想却不知道怎么来形容他,在一起痛苦的时候远超过幸福的日子。而傻傻的我却以为自己能改变他。一次次的失望,到最后选择离开。离开后才发现,自己怀孕了。一个人去医院做手术,一个人在陌生的城市里生活工作,一个人照顾自己。真的绝望的时候,其实忘记一个人也没那么难。

　　我是个乐观的人,慢慢地忘记了很多,甚至都想象不出这样的事情曾在我身上发生过。大半年后，我遇到生命中的第二个男朋友，他是我的高中同学，也是我高三暗恋的对象。我们大学四年没有联系，工作后也不在一个城市，我在南，他在北，但经常QQ聊天。他对我越来越有好感。慢慢接触下来，我发现他虽然有点木讷，但人很真诚，会是个不错的老公。半年多以后，我们也就正式走到了一起。去年过年的时候，相互见了家长，爸妈很喜欢他，我心里也越来越踏实，慢慢爱上他，觉得自己好不容易找到了合适的人，所以很珍惜。虽然是异地恋，但每天晚上忙完后对着电脑聊些开心的或不开心的事，还是很知足。端午节的那天，他没有任何征兆地提出了分手，说他父母不同意，觉得我个子矮。后来他才老实告诉我，他有严重的处女情结，过不了心里的坎儿。其实，我们过年的时候发生过关系，那会儿他就知道了。我知道他介意，但他说以后大家都不提了，我也就没多想。五一假期时，他从遥远的北方来看我，我们也一直在一起。

他说他坚持了半年，却还是接受不了。我原来打算给他半年的时间陪他一起淡忘的，他也答应了。坚持了几天，我觉得太累了，想想那么不确定的未来，心里很恐慌。不想这样下去，也想让自己彻底死心了。我把我过去所有的事都告诉他了，而我也知道我们是不会再有任何可能了。从此以后，我们也断了任何的联系。

我开始适应没有他的生活，努力地工作，做好吃的犒劳自己，逛逛书店，偶尔出门旅行。一个人平静地生活，却再也不敢触摸到关于他的任何东西；知道以后再也不会见面，心里却无数次地想象着再次相遇的场景。

对于未来，我并没有太多的信心。但如果遇到合适的人，我也还会相信爱情，相信自己。希望你看到这封信的时候，能给点意见。

一只游荡的小鱼

* * *

小鱼：

你好。

我也要给你讲两个故事，是一个四十多岁的男人给我讲的。这个男人和他妻子的爱情，是青梅竹马的爱情。年纪轻轻的时候就在一起，谈了好多年恋爱，最后是最美好的大团圆结局。但是新婚之夜，他发现他的妻子不是处女，而他自己却为对方一直保留着自己的第一次。即便在上大学的时候，有一个女孩子想把自己的处子之身奉献给他，都到了赤膊相见的地步，但他终究因为想到女朋友在等着自己而守身如玉，什么都没做。结果在新婚之夜，当他最后发现真相的时候，他竟然哭了。于是在后来的日子里，他一直都有情人，虽然他的情人们也都不是处女，但是他说这是他对自己的一种补偿，也是对妻子的报复，直到有一天，他得知自己得了癌症，他说，他这辈子最大的遗憾，就是从来没有得到过一个处女。

而另外一个故事中的女主人公，我们就简称她T小姐吧，她是那种自立自强的能干女人，但是好像天生就是当小三的命，自打一开始谈恋爱，就是和老男人谈恋爱，又搭钱，又搭感情，总是把自己弄得千疮百孔、遍体鳞伤。后来换过几任男朋友，也都是这样久经情场的老男人。T小姐觉得这辈子没有睡过一个处男是很遗憾的事，问身边的朋友认不认识处男，给她介绍一个，花钱也行。

所以，你看，一个大男人真的会为这事儿哭啊？这很不可思议是不是？他们竟然会如此执著于这件事。这真是荒唐透顶，应该大加批判才是，而一个女人竟然也会有处男情结。所以，如果你能换个角度，以平常心来看待这个问题，就会明白，处女情结这个问题，其实也就是一种普通的择偶观罢了，它其实和一个女人，因为无法忍受男朋友的个性、脾气或者他的家庭等原因而提出分手，也并没有什么太大的本质的区别。每个人，总有他自己无法接受的事，有的人受不了冷，有的人受不了热，有的人受不了桌上有一点灰尘，旁人看来这都是无所谓的事，在他，就是没有办法接受的事。你纵有千般理由去从心理上、身体上论证这件事是你应该接受的，受不了的也还是受不了。你一定要强迫他接受，或者用欺骗的方式，最后就可能变成那个故事里的男人那样。何必呢。有人会觉得，这怎么行，这不是姑息男人的男权思想对女性的压迫吗？你凭什么受不了？你凭什么非要找个处女不可？你这根本不是真正的爱情。可是，难道现今女人要求男人结婚必须有房子有车、必须事业有成等等诸多条件，不是基于社会文化的因素之上吗？难道是基于真正的爱情吗？彼此彼此，都是各取所求吧。

　　爱情之所以美好，是因为它是自由选择的。这份自由选择，包括所有我们认为好的和坏的、应该和不应该的择偶观。它没有什么绝对的对错，只是个人选择而已。我们生存在这个世界上，自由已经太少了。也就是找对象这点事，还能自己说了算。所以，如果一个男人，他非说他要找一处女，找不到处女他就不结婚，那你除了让他找去，还能说什么呢！

所以，我是不大赞同女人的世界对男人们的处女情结过于批判的。一味教唆男人鄙视非处女，和一味要求所有的男人都必须接受非处女，其实都是一样霸道的理论。世界很大，人和人不同，对于一件事情，有人接受，有人不接受，这才是生活的常态。不接受就不接受呗，为什么人家就一定要接受你的过去呢？要知道，在这个世界上，是没有人应该应分地就接受另外一个人的过去的。有的时候，要有足够的爱，才能让一个人为了另外一个人而改变底线。而你的这位男朋友，很显然他就是那种典型的刚刚谈恋爱的男生，因为没有经历过太多，所以对自己的爱情、婚姻，都是有坚不可摧的设定的，如果这个设定被打破了，他就立刻开始无所适从。比如，介意女朋友不是处女这件事，是不大可能发生在有过很正式的恋爱关系的人身上的。所以，你要让他接受你，他可能真的试过，但是他接下去设想的爱情，设想的婚姻生活，一切都会幻灭。如果是这样的话，那么他是不可能不恨你、不对你冷言冷语的，心结不解，这场感情终不过会变成一段互相怨恨的孽缘而已。也许，他是真诚地爱过你，现在也还爱着，只是这份爱不足够让他改变自己，放下自己的底线。但是即使不够爱，也是自然而然的事，也不能算是什么错吧。

反过来，必须强调的是，大家只是不合适而已，你也同样没有做错任何事。我们可以尊重他人的价值观，但是任何人也没有权利要求别人按照他们的价值观来判断我们自己，我们也没有必要去用他们的价值观来证明自己没有错。就让他带着他的处女梦去吧，你就去找一个足够爱你的男人，或者对这个事情观念不同的男人好了，重新谈一场恋爱，重新开始你自己的生活。相信我，男人和男人很不同，你的男朋友对女人的看法，不代表所有男人。切记切记的是，如果他回头来找你，想和你上床，却无法抛开自己的处女情结的话，千万不要回头。和一个鄙视自己的人继续纠缠，除了把还存留的美好回忆搞成一场难堪和尴尬，让自己自信全无、彻底否定自己以外，不会有任何的结果。一定要记得，他有底线，你也同样有。

被分手不是你的错

水木丁：

　　你好。

　　下个月我就二十六周岁了，而上个月，我失恋了。

　　我和他是同学，在一起已经快四年了，大四的时候开始在一起。他的家在南方的发达城市，我的家在北方，我们学校也在这里。他一直说服我毕业后跟他走，还去了我家里跟我妈妈承诺，一定会好好照顾我，不让我受委屈。毕业的时候，我义无反顾地跟他来到现在这个城市。令我没有想到的是，他的父母不接受我，觉得我是北方来的，经济条件与他们发达城市有差距。他说如果他们不同意，他就跟我回我家。那天，我们在城中的小旅馆里抱头痛哭。

　　后来的日子真的不容易，他继续念书，我工作，因为家里的反对，他不能经常陪我。我一个人没有朋友，没有亲人，找房子被当地人欺负，最后只能住在一个红灯区边上的农民房，每天穿梭整个城市去赚取微薄的工资，但是我从来都没有想过要放弃，我相信，只要我们努力，总有一天会好的。

只是，我和他家人的关系，一直都没有好转。这几年，他和我见面都不敢直说，而他和父母每次的冲突都会让他有所担忧或者动摇。

除了这件事，他都对我很好，我们很相爱。我总是鼓励他勇敢一点，不只是我们的事，包括他自己的学业和事业，都要积极争取。

几年过去了，当我的工作慢慢稳定、收入也增加了一倍，爸妈也来了这边准备定居，他终于毕业也找到了挺不错的工作的时候，我却发现一切都在慢慢改变。

他的工作很不错，让他有了很大的优越感，就好像以前他一直是被我拉着走，现在突然一下子走到我前面了。他开始对我挑剔，不再迁就我，也不再在意我说的话。我明白两个人要一起进步才能长久在一起，于是我跳槽换了待遇更好的工作，我去学外语，我花更多时间修饰自己的外表，我读很多书，我希望自己能像以前一样让他觉得骄傲，可是当他一次又一次地跟我说"我现在的工资是你的一倍"的时候，我问他，"你在意的到底是我的努力，还是很多钱。"他竟

059

沉思了一下，对我说："很多钱。"

我已经尽力做了一切能做的，可是等来的还是那句分手。他给的理由是，家里不同意，对未来没有信心。然后，在半夜十二点的广场上丢下哭泣的我，走了。我连背影都没有看到。

从那时到现在，我像死了一样。我不明白，快四年了，曾经一起吃的那些苦，曾经一起面对的那些困难，我曾觉得我们亲如骨肉再也分不开了，怎么会说变就变了呢，变得我都快认不出了。

我再也没有联系过他，他也没有找过我，我想爱没有了至少还要有尊严，感情不能勉强的道理我懂，他说家里不同意只是借口，我也明白，一切都是因为不爱了，至少是没有那么爱了。现在，我对生活感到绝望，对未来没有信心。我已经二十六岁了，是不是还能遇到一个真心待我的人？与我一起走过那么多困苦日子的他尚且可以这么轻易地放弃我，还有谁是可以与我走一辈子的呢？

很抱歉，写得有点长，期待你的回复。

小m

小m:

　　你好。

　　看了你的信，我替你难过，也很心疼你。你让我想起我身边的姑娘们，都是那种典型的懂事的姑娘。这样的姑娘，也许是受教育的原因，也许是成长环境的缘故，她们总是尽她们最大的可能去理解这个世界，去宽容别人，待人接物讲道理、讲分寸，很知趣、很要脸面，总是生怕给别人添麻烦，也怕给别人造成伤害。她们对这个世界，付出的总是比要求的多，她们不好意思和别人提要求，很多事情都努力自己解决，觉得要先自己做得好了，才会被人接受；她们被人欺负了，被男人甩了，要么尽量在自己身上找原因，自我检讨，不断为那个男人找借口，比如："我想这也不是他的错，是我没有跟上他的脚步，是我给他太大压力"；要么会劝自己放手，给他自由，让他快活去。她们总是不哭不闹不撒泼，尽量保持风度，表示理解，那真是打落牙齿和血吞。可是，我曾经和她们饮酒到天亮，我曾陪她们流过泪，我知道她们内心的痛苦，她们内心是多么脆弱，却要保持这样的风度，是多么的了不起和不容易。其实，她们都是笨拙的孩子，扎手舞脚，手足无措地面对着这个世界，却始终没有上帝来给她们派糖果。

最可笑的是，我们这个社会，似乎有一种约定俗成的规矩，发生这样的事之后，如果她找某个朋友倾诉，给某个情感专家写信的话，有时候反倒会被劈头盖脸地数落一顿，技巧不对，方式不对，心态不对，给人压力太大，自身不够优秀等。他们也许是好心，想帮助你进步。而我想对你说的是，姑娘，从你信里的描述来看，我看不出你有任何的不好、任何的过错，爱情的分手，就是分手而已，各有各的追求，被分手的一方，不等于就是过错方，虽然这是一种约定俗成的观念。我们通常认为，一个人一定是因为做错了什么才会被分手的，一定是因为他不够好，但是今天我要说，这种过错论的观点，它本身就是错的。

爱情和对错，本来就不是百分之百的因果关系，认为自己不够好，不够完美所以才被分手，难道那些最终结婚的没有被分手的姑娘，她们就一定是因为完美、优秀才结婚的吗？我看未必吧。那些打来打去的夫妻、抛弃孩子的父母、不孝敬老人的子女，不也都是结了婚的普通人吗？可见，有些貌似很合理的逻辑，是多么可笑的事。

姑娘，你没有什么不好，你很好。缺点嘛肯定是有的，但这个世界上本来就没人是没缺点的，连环杀人狂都有人嫁，你这点缺点算什么？你就算是再有怎么所谓的不好的地方，也是普普通通的不好吧，就算不是什么七仙女，也不至于比别人更不好。不要因为一个男人而放弃了相信自己。他们要分手，总是要找这样那样的理由，别太拿那些当回事，随他们去吧。

至于具体到你的男朋友，我想说，其实有时候看男人，要先看他的母亲，然后才是他，你会发现很多你不愿意承认的更真实的东西。如果你当初有经验一点的话就应该知道，一个嫌贫爱富的母亲，教出一个嫌贫爱富的儿子，其实也不是什么奇怪的事。她其实真的是比你更了解她的儿子。你的男朋友，从你的来信看，应该算是一个"寄生植物"，他其实原来就是那个样子的，需要一个比他强的女人带动他，而原来是你做得到，可能比他母亲当时给他带来的动力还要多，所以彼时彼刻，他需要你。而此时此刻，他已经强大，需要找另外一棵树去吸取养料了。你以为是他变了，其实只是你自己看错了而已，他没变，只是你不再有用了而已。你想要的为他付出，让他有出息，然后可以依靠他生活，那是永远不可能的。Dr. House（豪斯医生）说："People never change, People lie.（人们永远不会改变的就是说谎。）"这句话从某个角度来说，是有道理的，你的男朋友从来没变过，但是他撒过谎，不仅仅是对你，而且也对他自己。爱情是否长久，和是否一起吃过苦是没有关系的，有的人和你一起吃苦只是暂时的不得已，是否能够重情厚义，还是要看人的本质。如果你问我，难道从前的爱都是假的吗？当然不是了，我相信每一根藤蔓都是深深爱着它寄生着的大树的。

自省是没有错的，懂事也是好的，经验是要吸取的，但是有时候那些懂事的姑娘，忌的就是自省过头了，妄自菲薄。一个男人瞧不上你，那只是代表他以他的价值观来评判你，不等于全天下的人都瞧不上你。至少我从你短短的几行字里就能看出，你是那种实实在在的好姑娘，勇敢地追求自己的爱情，虽然失败了，但是依然让人佩服，这样的年头里，还有什么比这种好姑娘更珍贵的吗？没有做错的事就是没有错，技术性的错误也不是什么大错。如果有什么人因为你被分手了，就认为你是过错方，非要你检讨，否则你就没救了之类的观点。这样的人，你就直接让他去死好了。

什么都有代价

水木丁：

你好。

我有一个同性恋的朋友，前几天被发现了。于是，她被软禁了，她妈妈待在家里守着她。我爸妈和她爸妈是朋友。我看起来还算乖，她爸妈也蛮喜欢我的，于是叫我开导开导她。看着她那倔强、憔悴、无助的样子，我很心疼。我们聊了很多。她说她爱她的女朋友，还有性取向是没有办法改变的。我了解她是一个有主见的女孩子，知道自己要什么。我也开始去了解那个群体，同情且理解。昨天，我和她妈妈谈了一些，她憔悴了好多，她当然是爱她的，想为她好，但要改变那些根深蒂固的思想，还是有很长的路要走。我一开始是安慰她，慢慢变成劝她，最后两人都带了一点火药味。我知道自己很不应该，太冲动了。我现在也不知道该怎么办了。

祝开心

Gone（走了）

* * *

Gone:

你好。

前一段时间，我在网上看到一个集合帖，叫做 "Fuck My Life"（去他的生活），是老外网友凑在一起说自己生活中很扯淡的那些事的。其中有一条，把我笑坏了。一个男孩说："今天我妈问我：'你是同性恋吗？'我知道她早晚会问的，于是我很镇定地回答：'是的。'并准备好了接受任何暴风骤雨般的反应，结果我妈说：'太好了，我跟你爸打赌你是同性恋，我赢了一百美元。'"

感觉怎么样？如果你朋友的爸妈是这样的反应，你的朋友会感到满意吗？我想你朋友现在一定觉得她的生活很扯淡，但是，真的把爹妈换成这样的，其实也一样很扯淡，不是吗？我不是说要反对同性恋这件事，而是说，如果你做了一件的的确确是这个社会所谓的正常接受范围之外的事，你就必须意识到，你其实也的的确确是把你的家人拖下水了。你不能说"我的事不要你管，我的事与你无关"这么简单。因为这不是事实。你不能吃父母的，穿父母的，上学要父母交学费，房子要父母拿出养老的钱来供你的首付，这么二十几年过去了，把老两口掏空了，然后说："我要自由，我不要你管。"如果是那样，你所说的不要人管，就只是"我要你管的你得管，不要你管的你就别管"。这是多么霸道、自私的一种逻辑啊。那么，你觉得你朋友的父母要如何反应才能让孩子满意呢？

任性是要有代价的，也要有本钱的。你不仅仅需要生存的实力，还要有强大的内心。退一万步来讲，至少你要先可以养活自己，甚至可以养家，你才有资格谈自由吧。被人圈养的动物，本来就没什么自由可言。所以，什么时候由你来养父母了，给他们带来好生活了，可以保护他们了，这个问题可能就根本不是问题了。

这是一个残酷的现实，生存能力强的人就是会比别人多一些特立独行的自由，多一些被更多人接受的权利。所以，这可以作为你朋友努力的一个根本方向，而不是手里没牌，光凭脾气倔而要求家人承认你。当然，如果你既没有生存能力，又非要和这个社会叫板，那么，很多负面的事情，就是你要承受的。别去跟父母计较谁对谁错，这种事没有对错之分，它就是会发生而已。什么都有代价，自由也是。想要，就去让自己真正变得能负担得起，而不是靠吵架。

当然了，这个世界有很多地方的意识形态比我们的国家自由开放，可是别忘记了，他们的孩子很早就离开家独立生活，相对来讲，他们的父母和孩子之间的关系也不像我们这么联系紧密，也很少有父母会把养老钱拿出来给孩子付首付的，所以，也许他们是自由的，他们可以自由地异性恋、同性恋、双性恋……但是他们的自由，也同样是有代价的。

至于同性恋者到底应该顺从主流找个异性结婚，还是做自己到底，我觉得，还是看个人小宇宙的能量大小吧。能够过上自由自在的生活固然很美好，但是若小宇宙没那么强大，斗争不来的，也真的不必强求。有时候社会上的评论，也太过于夸大同性恋这个群体了，所以很多事情，就搞得很夸张，很夸张地反对、很夸张地同情，还有很夸张地表达理解的方式。实际上我觉得他们和我们没什么两样，有的人妥协于生活，有的人誓死捍卫爱情，这种事要看个人，而非同性恋或者异性恋之分。在异性恋里，为了男大当婚女大当嫁的世俗观念而找个人结婚，就那么过一辈子，也谈不上夫妻生活的还少吗？异性恋里，最终因为各种原因，没有有情人终成眷属的还少吗？异性恋里，一边扮演着道貌岸然的夫妻，一边寻找地下情的，不是也很多吗？所以，真是无所谓同性恋、异性恋的，他们只是过着普通的、不得已的生活而已，和别人不得已的生活，并没有什么本质的不同，也并没有不得已得多么惊世骇俗。一个人，如果就是那么一种妥协的性格，他是异性恋也好，同性恋也好，都会妥协的。正所谓，不得意的人生往往相似，得意的人生却各有各的精彩。人嘛，其实都一样。我因为觉得大家都平等，所以反倒不会特别同情他们，自己的人生自己解决。不一定像我们想的那样糟糕，也不劳我们同情，这是我个人对他们的态度。

爱是恨的解药

水木丁:

　　你好。

　　我的事很简单，不到三十岁，离婚了，准确地说，是正在办离婚手续，和我曾深爱，如今却憎恨的人。离婚的原因也很简单：感情不和。万般无奈，只能走到这一步，是我先提的分手，对方考虑了一段时间，没有挽回，也同意了。本以为两个人可以友好分手，毕竟深爱过，然而对方却认为过错完全在我，过往的一丝一毫、一点一滴都揪出来细细和我争辩，甚至全家上阵和我纷争，争对错、争财产、争谁付出的更多、争究竟谁更爱谁。我没作任何辩解，爱都没了，还去争辩什么。但我的沉默愈发刺激了对方，他们竟拟定了赔偿协议让我对此进行赔偿。水木丁，你能想象我当时的心情吗？我心底里渐渐生出了恨。我只愿尽快摆脱这段婚姻，远离这个对我而言是毒药的男人。

　　也许我是个坚强的人，面对离婚从未退缩，因为心底里的恨已经把我武装起来，让我全身上下长满了牙齿，让自己的心冰冷坚硬，让我愈发认清了对方的无耻行径。水木丁，你恨过一个人吗？这是我第一次真正的恨，是那种能生噬对方的恨。现在的自己让我害怕。

　　我是一个生性开朗乐观的人，如今却变得如此阴暗残忍，让我不寒而栗。这段婚姻让我性情大变，这使我不敢面对。我想恢复以前的那个阳光善良的我，我怀念以前那个开心起来就没心没肺的小姑娘，我想继续走好剩下的人生，找到一个真正适合我的好人，过一辈子。

　　这封信，到这里就结尾吧，谢谢你的阅读。

　　祝，一切安好。

超尘

超尘：

你好。

毛主席曾经说过一句话："这个世界上没有无缘无故的爱，也没有无缘无故的恨。"看了你的来信，我想它是对这句话最好的一种诠释。在你的信中，你像很多心中怀恨的人一样，描述了你前夫对你的种种不堪的行为，对你的种种伤害。我想告诉你，我相信你说的话，我也能理解你有足够的理由去恨他。但是，恨就是恨，对一个人的心理而言，恨就是一种消极负面的情绪，除非它会激发怀恨者用实际的行动去伤害被恨的那个人。否则，无论这个恨是多么的情有可原，这种情绪对自己的害处都将远远大于对对方的。它折磨的是承载它的那个人，让仇恨的主人自己也由可爱变得可恨，让他终日活在郁郁寡欢的阴暗世界里，没有未来，不得超脱。每个人心中的恶念，都像一头野兽，恨是它的一种养料，你不断用恨喂养它，它就会慢慢长大，最后变成一头怪兽，反过来把你吃掉，让你最后变得人不人鬼不鬼的。那样的人生，才是真正的地狱般的人生呢！

很显然，你自己也是很明白这个道理的，只是有时候——就像爱一样——当恨存在于心里，开始生根发芽的时候，它就像人类所有正常的情感一样，它的成长，是自然而然的事。它不是水龙头，说关上就能关上，说不爱了不恨了就能那么轻而易举地做到。说不该这样那样的事情多了，可是爱恨谁能挡得住？所以说什么以德报怨，说什么"别人吐口水在你左脸，你就该把右脸伸过去"之类的，都是很胡扯的话。我们又不是受虐狂，又不是神经病，又不是天生下贱，为什么非要这么做？连孔子都从没有真正说过以德报怨这样的话，孔子说的是"以直报怨，以德报德"。人家问他老人家："以德报怨如何？"他老人家说："你拿德报怨，那要拿什么来报德呢？当然是以公正来报怨，以德报德啦。"所以你看，连孔子都不搞这一套，咱们何必没事儿找事儿装孙子呢？不能原谅，就不原谅好了。恨是负面情绪，但一味地忍耐装圣人也让人很郁闷，容易得癌症。

所以，在我看来，恨和爱是一样自然的。它当然可怕，但并不可耻。没有什么该不该恨的，恨了就是恨了。即使是毒药，那也是我们内心感受的一部分。如果它真的发生了，何必压抑它，那就用同样自然的解药去化解好了。这个世界，万物相生相克，爱和恨也是这样。爱能产生恨，也就能化解恨。不过，我这里说的爱，可不是去索取别人的爱，而是给别人以爱。

这个世界上，并不是只有男欢女爱才叫爱吧。帮朋友泡一杯暖茶，给家人一个理解的拥抱，经过地铁的时候，给流浪歌手一块钱，把自己的旧书旧衣服找出来，捐给山区里贫穷的孩子们，这也是爱。如果你不能爱那个你恨的人，就去爱你可以爱的人好了；如果不能去做那么大爱的事，就去做一些举手之劳的小事好了；如果不能对陌生人好，那就先为自己身边的亲人朋友做做好事好了。重要的是，要肯去做，肯去爱，不要因为没有回报，就吝啬地不肯给别人爱。咱们不是圣人，也不是要去追求道德高尚，寻找什么道德优越感，但就算是一个普通人实实在在地只为自己着想，我也会说，给予爱比得到爱对一个人的心灵来说更重要，因为只要你开始这样做了，就证明了自己的心还没有腐烂，你的灵魂还没被恨吃掉，你还能帮助他人，你还可以去爱。当你知道自己还活着、还美好，还有什么比这更好的事呢？还要什么回报呢？你如果能够因此身心健康地活着，那么生活就已经用它的方式把最好的回报给过你了。

　　如果恨是毒药，那么爱就是唯一的解药。驱散心里阴霾的那道阳光从不是来自天外，而是来自你的内心，等到那时候，你就会明白，你当初恨的那个人，以及恨他的理由，其实都不重要。

比起真理，他更想要的
是你的崇拜

亲爱的丁丁：

　　你好。

　　我现在最想知道的是两个在价值观上存在着巨大分歧的人，生活在一起会怎样？在我的观念里，两个人在一起最主要的就是能良好沟通，互相理解，因为只有这样才能和谐相处，我的朋友们也都是因为臭味相投才凑到一起的。

　　为什么这些东西在我男朋友那里反而找不到呢？我现在也不知道是什么让我们走到了一起，但是我们在价值观上确实有很大的不同。他是一个很务实的人，推崇个人价值的实现，在他看来，实现个人价值的直接方法就是追名逐利、升官发财，然后也许可以兼济天下，并且最好能留名后世。他做事情的出发点是看这个事情是否对自己有好处，没好处的事情是万万不会做的；而我的出发点是自己的本心，考虑最多的是我想不想去做，这件事是不是我喜欢做的，别无其他。他好像更多的是向外扩张，我则是向内收拢。我们就是这样拥有两套价值体系的人。我以为我们可以相安无事，但事实却是他总是试图改变我，改变我的想法，改变我的做法，我现在已经对他的这种行为越来越难以忍受了。

其实，依照我的内心，一直以来是赞同两个人在一起要有相同或相似的观点和立场的，因为认同感这个东西好像确实很重要。可是如果在你很亲近的人那里都得不到认同，我们靠什么来相互取暖呢？那样的人生是不是很凄凉？我的内心已经无法作出选择了，很想听听丁丁你会说什么。

期待你的回信。

一个没有方向的姑娘

* * *

没有方向的姑娘：

你好。

首先，我并不想评论哪一种人生的方向是正确的，虽然我自己可能更像是和你一样从心的人。但如果客观公正地评价的话，我们也必须得承认，过于现实，一心只想着追名逐利的人，可能最后会流于市侩、鄙俗。但是过于强调本心，凡事只考虑到自己想不想去做的话，也很难摆脱任性、过于自我的嫌疑。因此说，这两种人生方向，很难在谁对谁错上分个高下，因为它们本身并没有错对之分。在这个世界上，有的人是被现实教育得脱胎换骨，放下自我的狂妄而得到成功的；而有的人却恰恰相反，是终于找到本心，最后顺应着本心，拨开了现实的迷雾，才找到通往幸福之路的。但无论如何，你都会发现，真正了不起的人，都是那种既按照自己的本心，同时又在现实生活中如鱼得水的人。所以说，人生就好像是一座山峰，这两种人，就好像是从山峰的不同线路往上攀登的人，而那些真正到达人生顶峰的人，他们其实在本质上是一样的，在他们的身上，现实和从心并不是互为矛盾的东西，而是达到了和谐的统一，他们懂得顺应本心，也懂得调整自己去适应现实，就像你从山峰的哪一个侧面往上攀登，最后到达的都是同一个山顶，殊途同归。当然了，我这里所指的攀上顶峰，并不仅仅指的是世俗意义上的事业成功。

因此，在我看来，你和你男朋友之间的问题其实并不是哪一种价值观更正确的问题。而是在一种关系中，谁要占主导地位的问题。爱情固然是浪漫美好的，但男女两个人之间相处，有时候往往没有那么简单。我在以前的回信里提到过"性政治"这个概念。恋人也好，夫妻也好，他们之间的相处，经常不是一种对等的关系，而常常是一方占有领导权，另一方作为附庸。一旦这个模式被确定下来，很可能就会贯穿两个人的整个关系史。这种模式很难改变，所以有时候处于弱势的一方要求改变的话，最后就会导致分手或者离婚。当然了，到目前为止，中国社会还可以说是一个男人的世界，大多数的两性关系还是以男性为主导的，或者说，大多数的男人还在试图建立这样的关系模式。所以，也许你并不是很女权，很铁娘子，你只是很散淡，有自己的一点小想法、小心思。但是，这对你的男朋友来说是远远不够的，比起真理，他其实更需要建立的是一种关系模式，他更需要的是你的崇拜。但是如果你和他价值观不同，就很难认同他、崇拜他，所以，他必须不断地给你洗脑。

其实，就我所知，很多价值观、生活方式有差异的人，一样可以生活在一起。但这需要他们磨合之后达成一种共识，即不以自己的意志把自己的价值观强加给对方，双方都能够允许差异的存在。要做到这点，其实很难。因为婚姻是一个经济体，一对夫妻必将会面对房子、孩子、养老等现实的问题，平时，大家都可以各干各的，谁也不骚扰谁，但是一旦涉及这种共同利益的问题时，价值观不同的人就会有不同的做法，就会很麻烦。这是没办法的事。因此，就我个人的感觉来说，如果不是夫妻双方都十分懂得尊重对方的价值观，把一些事情看得很通透的话，一般水平的夫妻，也就只有两种还可以在价值观差异很大的情况下和平共处：一是经济条件十分优厚，可以夫妻两人各干一摊；二是一方完全无条件地爱另一方，或者在经济上、观念上完全依附另一方，只要在一起，怎么样都行。除此以外，也许还有别的模式，那就是我未知的了。

所以，你和你男朋友的问题，不是他的价值观对不对的问题，而是为什么他一定要让你认同他的价值观的问题。如果他正如你在来信中所说的那样，是那种典型的实用主义者，积极向上、有野心的话，那么他对你的价值观所作出的指责，其实也不是不可以理解的事。一般来讲，大多数还处于开始奋斗、尚未成功阶段的男人，在还没有得到社会的认可之前，他们的妻子和女朋友是唯一或者是少数的他们能找到的比他们地位低、理所应当仰慕他们的人。但是，如果你的价值观和他的根本不同的话，你就完全不可能仰慕他，也完全不可能给他满足感。所以，他要先击碎你的价值观，然后你才可能彻底地服从他。你可以想一下，比尔·盖茨什么时候需要强迫别人去接受他的价值观了？一个在他所宣扬的价值观的世界里获得了成功的男人，他已经用实际行动证明了自己，就用不着跟女朋友较这个劲了，你说是吧。

除了分析他的原因，我不想判断你男朋友做法的对错。因为很多男孩儿就是这么被教育长大的，这也是他们学会的唯一的生存方式。而且，也许正因为他可能是真的想和这个姑娘在一起生活一辈子，所以才觉得自己有必要为将来的生活奠定好基础。他在努力建造他理想中的关系模式，或者，他只是希望你认可他、称赞他，不希望你太飘忽，离他距离太远，所以才不遗余力地给你洗脑，只不过有时候事与愿违，常常是用力过猛，把姑娘先吓跑了倒是真的。现实也好，从心也罢，就像我刚才说的，人如果悟性好，往上攀登，最后这两种价值观压根就不矛盾，反而是融合的。生活可以教给我们的东西很多，也许在未来的某一天，只要两个人的悟性都够，他可能也会理解你所说的什么叫从心，你也可能会体会到他现实主义的用心良苦。但是在最开始的时候，价值观的差异就只能靠互相包容来解决，别的都可以没有共识，但这一点是一定要有共识的。所以说，你和你男朋友需要沟通的，根本就不是哪种价值观对的问题，这问题这么大，你们怎么能讨论得清楚？你们应该讨论和沟通的是，你可否作为他的女朋友，保留自己的价值观；他可否学习尊重与自己不同的价值观，学习接受另外的一种关系模式；同时，你是否能够在他咄咄逼人的训词之下，看到他在人生路上的拼搏也是那么的艰辛，需要你的鼓励。从正面去考虑一下他的价值观，不要因为他的价值观和你的不同，就无论他说什么，都先入为主地认为他是市侩的、庸俗的。如果两个人能够在这一方面达成共识的话，你们也许将在一些年以后，发现彼此拥有着的其实是共同的价值观。否则的话，以后要走下去，的确是很难的。

遇上了胡兰成一样的恋人

水木丁：

　　你好！

　　我今年二十岁，在国外留学。在一次朋友的聚会中，碰到了一个对我一见钟情的男人，这个男人是我闺密男朋友的朋友，二十七岁。接下来的事就是对我表白什么的。他真是对我百般关心。我们从开始的时候不怎么聊天到一天聊十个小时、十五个小时，有时甚至彻夜聊天。后来，他从国内休假回来之后，我们就在一起了。有一次，他对我说，不管发生什么事，他都不想失去我。但我发现他总是背着我接电话，有一次，我实在憋不住了，开玩笑地问："你是不是有别的女朋友？"他说我乱想。他在我这里过夜。我就想如果有女朋友的话怎么可能？我的闺密也和我说过，他男朋友去过他家，他和室友住……所以，我就打消了猜疑的念头，觉得是我太敏感了。我们发生了关系，我把第一次给他了。

有一天，我担心的事发生了。我的闺密和我说，他有女朋友，在一起五年了，而且他们还住在一起。她也是刚知道的，她男朋友不小心说漏嘴了，才被她逼问出来，她怕我越陷越深，所以决定告诉我。于是我跑去质问他，而且说了很多难听的话，并提出分手。但他不同意，还跑来我家……我们聊了好多，他也哭了。他居然说我不懂得珍惜缘分，他说他对我的爱虽然没有像爱情那么深，但是对我也是另外一种爱，他对我有责任。

言归正传，我想请教老师，我怎么样才能让他放弃我，别联系我了……因为继续这样联系下去，我会越陷越深，我承认我还是喜欢他。我觉得再这样下去我会疯掉的，我好累好累。有时我会在梦中哭醒，好难过。他就是这样死死纠缠着我不放。我一下子不和他联系，他就到处找我，让我不安。他老是这样联系我，我的伤也好不起来，对他是又爱又恨。真的不知道他对我来说是福气还是晦气？我的人生才刚开始，为何要如此混乱与纠结？

无助的女孩——静儿

静儿:

你好。

你来信中所描述的这个男人，让我想起那位著名的情场高手胡兰成，胡兰成一生最大的"成功"之处就是让无数女人为之毕生倾心，其中最有名的当属张爱玲。虽然你的这个男人从才气、手段上是和胡兰成没有办法相比的，但是从卡伦·霍尼的心理学的角度来讲，他们都是同一类人，都属于自我陶醉型人格。这种人的人际关系，都是围绕着自己建立的，在他们的心里，他们就像恒星一样，所有出现在他们周围的人，都要围绕着他们转。这种人，他们一生都在致力于维持他们在童年时代接受的那种优越感。他们追求的是"通过自我羡慕和行使魅力"来控制生活。他们笃信自己的伟大和无与伦比，他们利用人，并且从不在乎自己违约、不忠、欠债甚至欺骗。但是他们不是故意的，相反，他们是真的感到他们有权享受一切特权。因为他们是如此与众不同，他们期待得到别人对他们无条件的爱，却从来不会考虑自己如何践踏了别人的权利和感情。

所以，从你的信里，我没有看到一个男人对一个女人的爱，我看到的是控制。又或许可以说，对于某些男人来讲，这本来就是一回事。他在证明他自己的魅力，相比起爱你、给你家、给你责任、一辈子保护你关怀你的那种真正的爱情来说，他喜欢的其实只是这种对你的操控感，这让他证明了自己的魅力，得到了满足。所以，他其实并不考虑你的未来，或者你受到的伤害。也许，他自己也没有意识到这一点。

反过来说，被控制的人，有时候也有一些微妙的信息传递给对方，比如，从道义上觉得两个人应该分手，但是感情上却依然恋恋不舍。所以有时候，你说什么并不重要，关键是你的心里怎么想，它们就会通过你的眼睛、你的表情表达出来，传递给对方，"别再来烦我"，或是"虽然说了再见，但其实我希望你来找我"。

他说爱你，其实他最爱的还是他自己；你说再见，其实可能传递的信息是"我希望你来找我"，内心担心的其实是他找不到你。爱情有千百种姿态，但归根结底，人们的内心都不过是想寻找幸福，被人爱。很多年以后，当这些迷雾散去，我们会突然发现，当年让我们迷惑了双眼、看不清彼此的，不过是我们自己的欲望而已。

所以，你给我写信说你要解决问题，我觉得先弄清楚自己心里是怎么想的才是最重要的。我明白你对他的迷恋，毕竟被人疼爱、被人呵护是每个女孩子都期望的。但是你有没有想过，你这是在饮鸩止渴。解决问题的办法其实很简单，不需要说什么分手，但一定要给自己真正冷静思考的空间。

必要的时候，也可以让自己的家人和朋友帮忙挡驾。只是，

你是不是真的需要这个办法，这才是问题的关键。

婚姻可以找，爱情只能等

水木丁：

你好！

我今年二十四岁了，一次正式的恋爱都没谈过，同事帮我介绍过，其中也有几个感觉合适的，但谈不到一个月我就跟对方说，散了吧，没感觉。您看到这里，可能会觉得一个月怎会了解透彻一个人？是的，现在想起来，我确实犯了这样一个错误，这也与我的性格有关。我性格比较内向和含蓄，不知道如何与男人相处，一感到不适应我就想逃避，心想，散了吧。

到目前为止，我相亲的男生快有三十个了，我自己想想都不可置信。我已经二十四周岁了，自己也认为确实到了应该结婚的年龄了，所以，2010年我最主要的任务，就是找对象。

但是，在找对象这件事上，身边的亲戚朋友却有一个共识，那就是找一个经济条件好的，这样的话，以后的生活压力会小一些。我觉得他们说的有道理，他们讲的那些"贫贱夫妻百事哀"的故事也确实吓住我了，我也有些动摇了。

水木丁老师，盼回复，谢谢。

安安

* * *

安安：

你好！

经常会有像你这样二十几岁的没结婚的姑娘给我写信，很焦虑地问我："我都这么大了还没结婚，我已经相亲过三十多次了，可就是找不到合适的，你说怎么办呢？"每当读到这些信的时候，我都会有那么一点点的怀疑，会觉得，写信的姑娘，你真的确定你是想问我这个问题吗？因为不用说都知道，写信的人和收信的人，我们是人生观、价值观完全不同的两类人。有时候，你们问的问题，诸如，到哪里去找男朋友啊，怎么找到合适的男朋友，对我来说，都是人生的攻略。这一方面，我很不在行。虽然我在克服这些同样的压力方面有一点点的经验，但是因为我们的生活道路、价值观和生存技能完全不同。所以，我们处在不同的游戏规则里面，我的具体经验，未必对你就是适用的。就像这个世界上很多人的人生好像是在参加考试一样，总是要去一个个地完成任务，按照制定好的时间表来生活。所以，如果你来问一个老早就逃学的人，怎么才能通过这一科呢？我干脆告诉你说，那就干脆不要考好了，我想你也做不到。所以，我就只能简单地聊聊我对这种困境的看法，不是什么攻略，你就权当参考就好。

有一段故事，想必你也听说过，是说作家铁凝年轻的时候，曾经有一次去拜会冰心老人，冰心就问她："你有男朋友了吗？"铁凝说："还没找到。"九十岁的冰心就对她说："你不要找，你要等。"结果，这一等，铁凝就到了五十岁的时候才和华生结婚。当时，我和朋友一起聊起这个事的时候，大家都开玩笑地说冰心这句话把铁凝给毒害惨了。我也觉得是这样。但后来再仔细一琢磨，老人家的话，说得其实也是没有错的。

爱情只能等，可以找的，其实是婚姻。你可以去相亲三十次、四十次，但是如果命中注定你爱的人在第38号出现，那么你的37号相亲对象都绝对不可能是他。如果注定你在三十岁的时候遇到那场爱情，那么差一天你都遇不到他，有的人先结婚后恋爱，有的人一次初恋就一辈子在一起，有的人寻寻觅觅经历多少男人或者女人，最终也是心里空荡荡地一无所得。所以，爱情的确是不要找，只能等。但是婚姻就不同了，婚姻是一种契约关系，家庭是一个经济共同体，需要的是一个一起过日子的伴儿，这个伴儿当然可以用很多标准来衡量，有标准的人和事都是可以找的。虽然也有难度，但是标准毕竟是可以上下浮动的东西，不像感情，不来电就是不来电，死等不来也是没办法。不像婚姻，撒开了欢儿去找，早晚还是找得到的。找不到，还可以检查一下是不是自己标准定高了，可以调整一下，将就一下，相对还是好处理的。当然了，有的姑娘认死理儿，说我定的这个标准怎么就那么不好找呢？嗯，谈判还得互相让步呢，贸易大战还要相互妥协呢，你非一口咬死一个标准，那真的是你的问题，那就不要怪命不好，怪只怪自己求全责备，眼光太高吧。我身边也有些朋友就是和老公从相亲开始，到最后有了一种过命的交情。虽然没什么激情，但平平淡淡、相依为命的日子也过得还是不错的。至于遗憾嘛，人生本来就是怎么选择都会有遗憾的。

所以说，你看，其实归根结底，重要的还是要看你自己是一个什么样的人。像我，是一个更相信感情的人，就会始终坚信自己应该跟相爱的人结婚，心甘情愿地等，没有也没关系。而有些人，譬如你，是属于偏重于实用主义的人，谈结婚的对象讲究的是一个条件般配。这两者其实是很不同的，前者才应该叫做谈恋爱，后者其实是在谈婚论嫁。感情是艺术，婚姻是契约，我一直觉得，这是两个完全不同层面的事。只不过，很多人分不清，常常把它们混在一起谈而已。

有趣的是，这两种人通常总是喜欢互相批评、互相纠正。看爱情攻略，常常会看到实用主义者说性情主义者傻、不聪明、任性；性情主义者说实用主义者现实、势利、太工于心计。实际上，我倒是一直觉得，每个人按照自己的个性各取所需就好，在这两者之间，其实并没有什么绝对的对错，也没有某一种比另外一种更高明，正确的说法是，你自己满足了自己的要求就好。但是有一点需要说明一下，你得知道你自己首先要满足的是什么，如果你过于偏重其中的一方面，另一方面有可能就需要有所放弃。虽然每个人都希望鱼与熊掌兼得，但那的确要靠太大的造化，这和你努力不努力并没有关系，你一定要两者都有，就只能等老天给，至于老天给不给，那就真的不好说了。

所以，你的问题，正在于此，以实用主义为前提要求爱情，这本来就是个悖论，因为爱情本来就是要不分贫富贵贱都能爱那个人的一种感情，那才叫真正的爱情。钱、房子、工作，在这个变化多端的大时代里，有什么东西是不会变的？一段婚姻，假如双方不是因为互相奋不顾身地爱着对方才走到一起的，那么，在这条漫漫长路中，如果婚姻真的有可能有什么保证的话，其实就只有最简单的两条：第一，自己做一个好人；第二，嫁一个好人。因为如果没有爱情，那么在你病魔缠身的那一天，还能对你不离不弃的，一定是那个重情重义的男人；面对外界年轻女孩的诱惑，能够坚守婚姻契约的，一定是那个讲信义的男人；在你父母需要你帮助的时候，能够陪你鞍前马后伺候的，一定是那个孝顺尊敬老人的男人；事业不成功，也会努力振作赚钱养家的，也一定是那个有责任心的男人。你真要实用主义的话，没有什么比人品好、性格好更实用的，那是一个人骨子里的东西，比什么都重要。我一直相信，一个男人如果人品好，勤劳肯干，不是笨蛋，运气不是差得没谱，他的日子是差不到哪里去的。

　　等爱情，还是找婚姻？其实，人只要知道自己想要什么，就不会那么纠结了。等爱情的安心等，找婚姻的积极去找就是了。重要的是，大家都要放宽心，该来的就会来，该找到的就会找得到。怕只怕等来了爱情，又觉得条件不够；找得到婚姻，却又嫌没有激情。怎么着都不行，那就会像现在的你以及很多姑娘这样啦。

长情也是一种病

亲爱的水木丁：

　　我今年二十八岁了，2007年我在网上认识了这个让我纠结的A。当时我在读研，他是一所大学的外教，比我小三岁，刚来这里半年，于是我们约见了几次，一起看电影、参加聚会等，他人也很好，我心里对他很有好感，但是知道他不久就要回国，所以也没有往别的方面想。认识一个月的时候，他向我提出交往的请求，我问他不是马上要回国了吗，他说他需要一个留下的理由，就这样，我们开始交往了。

　　跟A交往很愉快，我们都是彼此的初恋，初恋总是美好的。因为离得比较远，一个星期只能见两次面，我们都很珍惜。他一直很尊重我，我们相处的大部分时间都非常快乐，初恋的种种美好都是他给我的，但由于是初恋再加上文化差异，两人遇到矛盾，也会吵，一吵起来，我心里就想他快点回国吧，总之，这段感情在三个月后以他回国而结束。

他回去了之后，我们仍然保持通信联系。这样的通信一直保持了两年多，这两年多我也一直是单身。2008年的一天，他开玩笑说要来中国看我。

十月份他过来了，我们一起去了丽江，也发生了关系。然后，他回去了。在机场，他还是两年半前的那句话"我们还是朋友吧"，我也是两年前的回答"当然"。可是这次，我发现我做不到了，我心里还是很想他，但是，我知道我们是没有结果的。我不想再浪费时间了，我不再回他的邮件，跟他说不想聊天了。我想忘了他，可是又不想失去他这个朋友，可是我又没有办法跟他做朋友，至少现在做不到，我很纠结。我告诉自己，就算不跟别人谈，也不要把时间浪费在他身上，道理我都懂，可是我就是没有办法解开自己的心结，每天都在跟自己做心理斗争，真的很累。

水木丁，我唠叨了半天，说出来就感觉好点了。

祝你一切都好，心想事成。

奶茶

奶茶:

你好!

读你的来信,可能很多人都觉得难以相信世界上竟然有这样傻的姑娘。可是人性是多种多样的,这世界上既然会有天性薄情薄幸的人,就会有如此长情的人。其实,据我所知,像你这样的姑娘也不在少数,她们认死理儿的程度,恐怕不比你差。可巧的是,我自己也是个长情的人,所以我今天对你说一句肺腑之言:姑娘啊,你这是病,得治。

作为一个混长情界的老病友,我实在也懒得再多说什么废话了,虽然爱情故事里常常有赞美海枯石烂不变心之类的事,但是长情这玩意儿发作起来,到底有多烦人,真的只有我们这些病友才会明白。有时候,我们甚至会羡慕那些薄情薄幸的人,为什么他们恋爱起来那么容易,恋爱结束的时候抽身地也可以那么快,而我们这些长情的人,却要受无尽的纠结和折磨?所有的道理都懂,所有的事情也不是看不清,就算是个独角戏,自己也能跟自己演上三四年,你说这不是有病是什么?既然有病,咱就得想些具体的办法来对付它。人的本性是没有办法更改的,但是哪怕把发病周期缩短几年,也算是减轻了点儿病情吧。所以,下面咱们不讲大道理,只分析病情,讲点儿基本的方法,然后要怎样地因人而异,你就自由发挥吧。

首先，你要搞清楚自己到底想不想治病。这个世界上的寂寞有两种：一种是身外的寂寞，一种是心内的寂寞。害怕身外寂寞的人，最怕的是身边没有人陪；而长情的人可能是后一种，经常形单影只，却最怕心里空虚。所以有时理智也会告诉自己，还是忘了吧，但是内心却一直在麻痹自己，觉得只在心里想想是没有问题的。这其实是一种自欺欺人的心理，因为长情的人往往也很专一，他以为他可以慢慢接受其他人，但是其实他做不到，他们不像有的人，心里可以同时容纳两个人，甚至多个人，他们的心里装了一个人就根本再也装不下其他人。所以长情的人，首先要搞清楚自己到底要不要结束这一切。如果要，那么就不能再自我欺骗，要勇敢地面对去除一个人之后内心的寂寞。即便一时做不到，也要确定这是自己内心努力的方向。

其次就是想治病，就一定要学会心狠。这个狠，不是对别人狠，而是要对自己狠。长情的人爱起来都是入心入肺的，有时候真要说了断，就会如拿刀挖心挖肺一般的疼。这种疼，并不是那种文学描写中的修辞手法，而是真的可以严重到生理上仿佛有人拿着锤子，重重地敲在你的心脏上的那种疼。那些薄情薄幸的人了断得如此容易，是因为他们根本不走心，也根本不知道疼。在这点上，我们和人家不能比。如果你天生是一个长情的人，想活下去，就只有一招，对自己够狠。心里长了什么不该长的东西，就是挖心挖肝也要把它挖出去，断手断脚也要把它断掉。伤就伤，死就死，死而后生才能重新开始。就比如你和这位老外，在我看来，他要求的所谓继续做朋友，不过是失恋了的一个情感寄托和兼职炮友，其实你在他心中压根什么都不是，你没那么重要。这种狠话，本来不应该由我来说，应该是你自己对自己说，不过我看你所谓的面对现实，全都是顾影自怜、期期艾艾，什么时候你也舍得对自己说几句狠话了，舍得把自己的那点自尊、自以为是摘下来扔地上踩两脚了，你得解放的日子也就不远了。

最后一点是，不要有事儿没事儿就给自己心理暗示。有时候女人会比男人更容易犯这个毛病，这是因为女人天生比男人更敏感、更会察言观色的缘故。但是这有时候也真的会让女人习惯性地想太多。他的一个眼神，他的一句话，他帮了我一个小忙，或者他的回信里的某一句话，都够女人琢磨半天的。有时候，姑娘们总是会先假设对方是对自己有意思的，然后就像侦探一样在对方的各种行为中寻找蛛丝马迹，来证明自己是对的。其实，对一个决绝的对象，再长情的人他的长情也是有限的。问题在于我们是否自己在给自己不断地灌迷药？自己在给自己不断地找心理暗示？比如你想和一个人不联系了，那么就直接减少联系就好了，做什么要跑去跟人家说"我们以后不要联系"之类的话呢？其实就是想看对方的一个态度和反应吧。然后，对方因为心软或者有礼貌地给了你一个预期的态度和反应，你就可以再麻醉自己一段日子，这一段一段的日子过下来，几年就过去了。

　　当然了，如果有人说，我就要一辈子活在过去里，我觉得只要她没有妨碍别人的生活，自己觉得舒服，倒也是无可厚非的事。但是如果眼睁睁地看着别人的生活都在往前走了，自己的生活却迟迟不能翻页，已经到了让自己焦虑的程度了，那就的确是比较糟糕的了。有时候，并非别人绑架和欺骗我们的感情，而是我们自己作茧自缚罢了。所以，我们首要做的不是责怪他人，不是把责任推卸给他人，而是检视自己的内心。到底是什么欲望控制了你，捆绑了你？它用了什么花招欺骗了你的心，让你无法得到解脱？我在此提供的几点方式仅供参考，真正的自由之路还需要你自己慢慢地去摸索，毕竟长情是你的，心是你的，青春也是你的，别人没办法干涉太多。只愿你早日放下执著，真正长大，获得自由，可以重新开始你的人生。

如果我们终将老无所依

水木丁：

你好。

我是一名大一学生。因为从小生长在所谓的知识分子正统家庭里，所以也就沾染上了不爱社交、不通世故的毛病，并且仍未打算作出改变。我父母从小就告诫我，女孩一定要独立、有主见，不要过早谈恋爱，不要成为男人的附庸。再加上，我身边有很多女生为所谓的爱情纠结着、拧巴着、折腾着，寻死觅活的。所以，虽然我并不是所谓的女权主义者或者以女强人为奋斗目标，却一直努力建造自己的个人世界，告诉自己要保持人格独立、头脑清醒，并且渐渐不愿意与异性有超出友谊之外的接触。我知道，我应该就是颇遭诟病的自我意识太强烈的那类人，所以，我老早就作好了当"剩女"的准备。

我一直觉得，只要精神世界足够强大，拥有能填满自己生活的爱好和一群气场相合的朋友，终生独身，也不是不能接受的事。

可是，我跟我妈表达这个想法时，她很现实地问："那你老了之后怎么办？"所以，我就开始纠结这个问题：年老之后，朋友们早已各自为家、四散天涯，我生病了谁可以来照顾我？还有，那些立足于精神世界的文学艺术哲学，是否能一直填满现实生活的刻骨孤独？

选择单身的生活方式，会不会老无所依？

仓央嘉措的粉

* * *

仓央嘉措的粉：

你好！

前几年国内有个很有名的婚恋网站，专门为大龄女青年举办过一个找老公培训班。主要是教大家如何用行之有效的营销手段，把自己尽快嫁出去。为了给剩女们洗脑，培训班组织学员参观老人院，然后老师会指着一个"目光呆滞，神情孤独"的老人对姑娘们说："看，你们现在不结婚，这就是你们的下场。"你妈妈跟你说的话，其实和学习班的老师说的也差不多，是真的拿这帮姑娘们没辙了，所以必须吓唬吓唬。当然了，婚恋网站是为了赚姑娘们的钱，你妈妈是真的替你着急，为你着想，两者的目的有本质的区别。妈妈的焦虑也是可以理解的，虽然可能会给你造成心理上的压力，但是在我们这个社会，你想做自己，本身就是有压力的。我们是大人了，对于老人的这些举措，就多笑笑，多体谅他们吧。

你问我选择单身的方式，会不会老无所依，我的回答是，那还用说吗，当然会啦。如果你单身，你无儿无女，那么这样的结局，根本就是秃头上的虱子，明摆的事儿嘛。但是，我在回答你的问题之后，也想问你另外一个问题：你觉得结婚生子了，就一定老有所依吗？其实，也未必吧。老人院里目光呆滞、神情孤独的老人，很容易就被人拿来当做年轻时不播种，最终老无所依的反面典型来说。可这本来就是扯淡的结论啊。谁说老人院里的老人，就是一辈子没结过婚，一辈子没有生儿育女过的呢？如果哪位有心的人去问问他们的身世，我相信每个老人都会给你讲一个不同的故事。他们也可能结过婚，而且不止结一次婚，也可能有儿有女，甚至有孙子孙女，只不过因为种种原因没有生活在一起。要知道，这个世界上有人离婚，有人丧偶，有人的子女远走他乡，有人把孩子辛辛苦苦养大而孩子反过来啃老。人生的路是复杂多变的，你怎么能看到一个老人的表象，就随意猜测他的一生，并把这当做说辞吓唬别人呢？就算是这些状况都没有，现今的社会，你也是知道的，社会福利尚不完善，国家养老金缺口极大，工作了一辈子，等到老了，养老问题还要靠自己来解决的家庭比比皆是。你的孩子长大成人之后，他将要面对的是四位老人和自己的子女，到时候，谁依赖谁，还是未可知的事呢。所以，老无所依，并不是一个人的命运，而是整个社会需要面对的问题。

我想，未出生的孩子若有知，发现自己还没出生，外面就有这么多大人，拿着一堆责任啊、依靠啊在他本来就将受苦受难的此生等着他，等着把他养大了，就要他回过头来报这养育之恩的话，也会被这些大人们吓死吧。如果他有得选择，也会拒绝来到这个世界上吧。我并不是反对结婚生子，也不是号召大家去奉行单身主义，而是真的很希望，一个人如果真的下了决心结婚生子的话，那也应该是因为他爱自己的伴侣，爱自己的孩子，那是生命的延续，爱的传承，而不仅仅是为了给自己的未来上一个保险。否则的话，这对孩子们来说，真的就太不公平了。

话说回来，你看这世上的父母子女，最后成为冤家，相互憎恨冷漠的，也不是没有。所以我一直认为，有了孩子，未必就是福气，要有一个好孩子，才是为人父母的福气。而这福气是哪里来的？种什么瓜，结什么果，好孩子都是当爹妈的含辛茹苦教育出来的。你要想年老后有个好孩子可以依靠，那年轻的时候必定要实实在在地多付出，这是多少钱也买不到的。也正因为这一点，我自己也曾经想过，如果有一天，我自己真的已经成为了一个垂垂老者，身边却不像他人那样子孙满堂的话，我想我也绝不会羡慕别人，自怨自艾，觉得自己就不幸福了。因为人家的这种幸福，都是人家用辛辛苦苦的付出换来的，那是人家应该得到的。当我们在四处游玩、纵酒欢歌的时候，为人父母要给孩子换尿布；我们在安静读书，一心只想努力写作的时候，为人父母要陪着孩子算算术；我们赚的钱都用来自己享受了，为人父母要省吃俭用，给孩子交学校的赞助费。所以，别人在付出的时候，你已经享受过了，现在轮到人家来享受，那也是应该的。我还是那句话，如果你单身，就尽情地享受自由，做自己想做的人，给自己一个完整的自我；如果有家庭，就好好地爱家人。无论是什么样的生活，都不是一无所得的生活。最怕的是，你单身，却不懂得享受单身的自由；你有家人，却无视家庭带来的稳定和温暖，每天抱怨自己受束缚，没有自由。这种拧巴的人生，才是一辈子白活了呢。

爱他如他所是

水木丁姐姐：

　　你好。

　　我与男朋友分手了，这虽然不是我的初恋，但对我来说却是动情最深最真的一次。我们分隔两地，异地恋让我觉得比较辛苦，也时常觉得没有未来，但始终坚持，努力经营呵护两人的感情。我们在一起的时候，感觉非常好，和谐温暖。只是每每分处异地的时候，我就觉得他被动又冷漠，懒惰又自私。每次联系几乎都需要我主动，我病重的时候他也等到我联系他之后才来关心我的病情。他比较吸引女孩，生活作风也不是很检点。我觉得从他身上感受不到支持和永恒，于是便决定和平分手。曾经想与他一生一世，想与他有未来，有个家。可以说第一次感觉到爱也是因为他。而事情竟然发展得这般无奈，提出分手的是我，可我也真的很难过。我也时常想，分手的原因究竟是什么？是因为他的冷漠、被动、自私、暧昧、缺少责任心吗？是因为两人相处起来的不舒服感的累积质变吗？是因为真的是不适合吗？可我真的觉得，感情是可以经营呵护的，既然相爱，那么方式方法时机对了，性格差异大的两人也可以找到一个方法好好走下去……

可问题在于，水木丁姐姐，我不再恨他之后，心中对他的爱突然又回来了……觉得只要还能再在一起，我真的可以不计前嫌地好好爱他，信任他，而且会给他多一分理解与默契，多一些包容与关怀。我无法放下，还想与他相爱，这是一时的错觉吗？我可以让自己相信缘分奇迹，等待一份未知的可能性吗？我对此很困惑、迷茫。水木丁姐姐，我该怎么办？

梦不落

* * *

梦不落妹妹：

你好。

看了你的信，让我想起很久以前的某一天，我和一个朋友在一起散步，我们聊起各自从前的爱情，朋友就讲起她的某一任男朋友曾经对她说过的话，大概意思就是，你虽然脾气这么不好，毛病这么多，但我还可以宽容你，可见我是多么爱你。朋友说，她当时给这位男友的回答就是，你凭什么宽容我，我为什么非要被你宽容？这话给我留下的印象很深刻。现在我看你说起你的男朋友，就觉得好像看到了我这位朋友从前的男朋友，只是你的男朋友可能不像我这位朋友这样表达得一语中的。但我想，他的心里恐怕也是这样想的。

很多人听到我朋友说的那句话，可能都会觉得这种人怎么这么任性，不知道好歹。其实，我倒觉得我们不妨换个角度想想看。一对恋人，在没谈恋爱之前，互相是不认识的，或者只是普通的同学或朋友，各过各的日子，各归各妈教育。就算平平凡凡的人生，只要是没有妨碍别人，也可以过得开开心心，并不需要别人来挑三拣四。可是为什么人家一旦和某个人谈上了恋爱，只是因为不符合对方的价值观，就一下子变成了浑身都是缺点的人呢？从此以后，要么就得按照另外一个人的标准来否定自己，从而改造自己；要么就要靠别人的宽容和忍耐来感恩戴德地生活，那是低人一等的生活，这样的日子，过起来有什么意思又有什么必要呢？

一直以来，我都不太喜欢所谓爱是宽容和忍耐的这种陈词滥调，有时候我听到人们反复这样说，就会觉得人们实在是太自以为是了，才会老是觉得自己的宽容和忍耐一定是什么有价值的东西。而事实是，这世界上的大多数人，并不是指望着你的宽容活着的。没有你的宽容，人家活得也都好好的。而那些动不动就说自己如何宽容别人的人，有时候潜意识里也不排除是因为想用宽容换取对方的反省、爱或者愧疚等等，如果是这样的话，那么这就更不是爱。所以，他们总是不明白，为什么自己一味地宽容和忍耐换来的却只是恨和伤害。那是因为，无论他们自己怎样真诚地认为自己是出于高尚和慈悲的动机，但对方都认为他们是在做感情的交易。对方需要你的宽容，你的宽容才是无价之宝。可是，当一个人并不想要你的高高在上的宽容的时候，却被你强行宽容。那么，你换来的可能不是爱，反倒是恨。

是的，每个人身上总是有优点也有缺点，这话说得诚然不错，但是我一直认为它并不准确。这种看法有时候会让人把一个人身上的优点和缺点区分来对待，从而轻易地认为，我给你指出缺点，你努力改正它就是了。这其实是一个误区，其实人常常并不是有优点也有缺点，而是他的优点就是他的缺点本身。就像这世间万物，都有阴阳两极、正反两面，总是共生共容、成双成对地出现。优点和缺点，往往是一枚硬币的正反两面，看上去相反，其实根本就是一回事。就像太阳照到大地上，此岸的白昼，必定是彼岸的黑夜，山间生长的大树，向阳的一面枝繁叶茂，背阴的一面布满青苔。一个诚实稳重的年轻人，往往就会木讷、缺少情趣。一个大大咧咧的粗心女孩，通常都性格随和、不计较。勇敢果断的好汉往往是简单粗暴的人，优柔寡断的人的另一面却可以是细心体贴。你的男朋友也许很幼稚很自私，但是幼稚和自私的另一面，也许就是有那种纯真个性的魅力，能让这样的男人击败那些老成持重的老男人，获得那么多女孩子的喜爱。

他不是有优点也有缺点，而是他的优点就是他的缺点，这都是他这个人本身。我们常常在爱上一个人的最初的时候，只看到了他阳光的那一面，然而相处的时间长了，就想拼命地拿刀子剔除掉他的反面。可是一个人活在世上，怎么可能只要白昼而不要黑夜，怎么可能把大树劈开只要鸟语花香的那一面继续生长？如果你一定要爱一个人，就请你爱他如他所是。爱他的赤子之心，也爱他的时而幼稚；爱他成熟稳重，也爱他安静少言。这种爱只需要懂得，并不需要忍耐，更不是通过那些朋友对他的判断来证明他有多少缺点，多少错误。这不叫爱，这是开公审大会。他的那些朋友，如果觉得他不好，也同样可以选择不和他做朋友。爱情和友情之所以美好，不就是因为它是可以自由选择的吗？要爱，就接受他本来的样子，如果不能接受，那就不要爱。爱和不爱都没有错，但不要一边嫌弃一边宽容地去爱，不要以爱为理由要求别人性情大变，人生观、价值观都彻底重塑，这样做，最后的结果只能是互相厌弃、互相憎恨。

至于你说你觉得对他的爱重新回来了，也许是你想起了他阳光的一面，这是一方面的原因。另一方面的原因，也可能是你爱上了在这段关系中的那个宽容的、高尚的自己的形象而已。人们总是为自己在爱情里投射出来的影子而沉醉，但那往往并不是真实的。以一种幻象为基础和对方谈恋爱，再重来多少次，结果也是一样的。

我们心中的怕和爱

亲爱的水木丁：

　　你好。

　　毕业三年，因为性格偏内向，平时不喜欢刻意去交际，所以认识的人很少。在父母的催促下自己也有些急了。于是在一个口碑很不错的婚恋交友网上注册了。前男友主动给我写信，当时他在外地出差，每天好多电话短信、好几个时段地嘘寒问暖、哄我开心。几天后的周日下午，他居然飞回来了，与我待了几个小时又匆匆赶回去。学艺术的女孩都是敏感而想得特别多吧，总希望遇到知音一样的恋人。我明知道他是个脑子里只有做生意赚钱的人，但是他简直把我当做他的女神，说一些甜得腻人的话。我想只要有个人把我捧在手心呵护，只要有这样的温暖，也就足够了。

　　后来他回来了，我们就在一起了。但一些相处的细节还是让我有些意外。我们从来没进餐厅好好吃过一顿饭，都是在快餐店吃。他也没送过我任何礼物，唯一的一次看电影，也是在他的车上。一般白天大家都上班，晚上很晚他才会过来找我，让我感动的是有些时候下大雨，他还是风雨无阻地来陪我。我工作是单休，好几个周日他一起床就说，先回去一下，然后扔下我就走，偶尔过来陪我吃个午饭又走。

开始，我对他这些行为非常意外，但我还是努力说服自己去接受。到后来，他一整天都不会联系我。再后来我就爆发了，像写论文一样数落对他的不满，就这样分手了。可我又无法接受当熟悉一个人的存在后，他突然就从你的生活中抽离了。我忍不住给他发短信打电话，他都不理我，一个字都没有，分手就是分手了，不管我多伤心难过。他觉得我可怕，一哭二闹三上吊的。

身边很多朋友都对我特别好，很喜欢我，像亲人一样。我也一度觉得自己是个很好的人。但是在男女交往中，自己却这么失败。我是个慢热而又长情念旧的人。一旦投入了感情，就完全没了原则和理智。只要爱他，只要他能陪我，其他都无所谓，都可以抛开。不关心我不理解我不照顾我，都没关系，只要让我看到他，只要在一起，我自己的事都自己去解决，就像单身时一样。

　　谢谢你的倾听。

阿植

*　*　*

阿植：

　　你好。

　　看你叙述的这段感情历程，其实是一段很普通，却又非常有代表性的一段经历。相信曾经亲身经历过或者旁观过这种事的人不在少数。一个男人爱上一个女人，女人却并不爱他，但是男人锲而不舍地追求，最后女人终于觉得自己爱上男人了，而男人又不要了。女人于是又开始反过来死命地追求男人，两个人在爱情中的位置一下子颠倒了过来，原来那么不屑的女人突然开始歇斯底里起来，爱得惊天地泣鬼神了……作为一个旁观者，看完你这封信，我第一个反应就是很想问问你，你到底知道不知道自己这是在干吗？如果你爱这个男人，为什么在你的信里几乎都没有提到他的优点？他小气、他计较、他粗俗、他冷漠，他唯一的优点就是很爱你，会来陪你，但是即便是这一点，现在也没有了。你在开始的时候就感觉自己对这段感情是将就来着，在分手后这么长时间，提到这个男人，还是在这样说他，然后你却说你爱他，那你告诉我，你爱他什么？你说只要他陪你，不照顾你不理解你都没关系，自己的事情可以自己去解决。可这是在养宠物还是在干什么？最关键的是，你到底是因为害怕单身当剩女呢，还是真的爱这个男人？

相比之下，我觉得这个男人反倒思路蛮清爽。爱一个人的时候就努力追求，觉得两个人不合适的时候就果断放手。要知道，你眼中这些他的缺点，如果换一个姑娘，完全可以被看成是优点。小气是会过日子，只想着赚钱是有进取心，她可以和他一样喜欢那些名牌香水，享受那些低俗电影。我这样说并不是想判断你和他到底谁不对，而是你们根本就是两个世界的人，你就是你，他就是他，如果你一开始就无法爱上他，那么之后也一样不会，因为这些属于人骨子里的东西。在你眼中，他没有优点，也没有你所需要的营养，这对于他来说，也一样是痛苦，一个人不能靠别人将就自己来过日子。一个人的自尊心得有多坚强，要有多少爱，多没脸没皮，才能坚持留在一个不爱自己的人身边，接受对方把自己看成一个没有优点的人。所以他的选择，在我看来，倒是完全可以理解的。

　　你说你爱他爱得不得了，我且问你，如果你现在只有十八岁，你会回过头去追求他吗？如果你现在另外还有两三个男人追求，你会义无反顾地选择他吗？如果这是爱，那么无论你多大，无论你身边还有谁，你的眼中就只有他。看你的信，我知道你是一个真心实意想找个人过日子的女人。但是现在的你，就像一个溺水的人，之所以要拼命抓住对方，是因为把对方当成了自己最后的一根救命稻草，本来是有十足把握，唾手可得的，现在却突然丢掉了，于是感觉自己就要沉底儿了，就要拼命抓，不管是用求的也好，承认错误也罢，反正就一定要他先爱你，其他的事儿以后再说，那些无法忽视的差异也可以当做看不到。但这不是因为爱，而是因为怕。如果你稍微有一点常识的话，就会知道，溺水的人是一定不能从正面去救他的，也不是谁都能救的，因为他无论碰到什么都会死命地抓住，到最后搞不好也会把要救他的人一起拖到河底去。

　　我当然知道在这个社会里，家庭给单身女性的压力到底有多大。她们内心焦虑恐惧，被家里人以各种手段轰出门，忙不迭地寻找一个合适的男人，希望趁自己未老之前，抢到最后一根稻草。但是因为太过紧张兮兮，又总是以同样的焦虑和恐惧，最后把各种各样的男人给吓跑，结果事与愿违，形成了一个恶性循环。这个世界上的事情，往往就是这么矛盾和荒谬。溺水的人是歇斯底里得可怕，就比如你，毕业才三年，算算也不过是二十五六岁的年纪，就已经怕死成这个样子。看着你，就好像看着电影里的老桥段：一个人掉到水里，心里一害怕，就开始在池子里瞎扑腾，扑腾得人见人散，鬼见鬼逃，谁也不肯搭把手，最后自己站起来一看，水还没到齐腰深呢。你说，你这是瞎扑腾啥呢？

人人都怕死，但怕死的人最先死。不就是单身吗？真的有那么可怕吗？我倒没有觉得寻求灵魂的沟通是什么奢望和错误的事。骨子里骄傲的姑娘嫁得好的也有的是，做小伏低还把日子过得憋憋屈屈的女人也不少。关键是你有自己的追求也好，要表现贤良淑德也好，你要始终记得自己是谁。要么就对对方体贴入微，关怀备至；要么你如果真觉得自己那么优秀，真的想跩，那就不管三七二十一，不管它个二五八万地跩到底，心里不能怕，骨头不能软，也一样会有男人反过来做小伏低地来找你，别不相信，这世界本来就是一物降一物。所以这种事儿吧，你要么开始就别绷着，要绷你就打死都要绷住了。怕就怕你这样的，跩到一半儿你又不跩了，又怕了，你不是绷住了，你是崩溃了，反过来去求人家。开始你跩，对方还觉得自己捧着的是一位公主，现在你这样自毁形象，对方还怎么爱你啊，就和看其他的大龄恨嫁女也没什么区别了，反倒看透你，看轻你了，于是优越感立马就被你给升华上来了，谁会把一个歇斯底里的女人当宝贝儿呢？换做是你，你会吗？

也许，你真应该先好好把自己内心的恐惧看清楚再说吧。不管你追求的是什么，只有正视自己心中的怕和爱，搞清楚自己正在追求的，确实是自己想要追求的，才有可能真正开始新的生活。做一个心态正常的女人，一段好的爱情，才有可能真正到来。

把贞操留给你自己

亲爱的水木丁：

你好。

最近，身边人的一些劝说和建议让我不得不重新审视自己的很多想法。我是1985年出生的独生子女，个性很独立，也没有太多独生子女的娇气。可是到现在，我还没有真正谈过恋爱，有过的也只是暗恋或者说网恋。最近，身边的一个姐姐建议我，找个感觉合适的谈谈恋爱，也可以考虑一下发生关系，毕竟年纪不小了，这样下去不好。我也知道这么大的年纪还顶着一个处女的头衔确实有点让人诧异，可是至少那个人得是我心甘情愿在一起的啊，总不至于因为要发生关系而发生关系吧。

我不知道我是要这样一直坚持下去还是要考虑大家的建议。其实现在，如果我想找个男孩子谈恋爱或者说发生关系

119

都很简单。可是那又不是自己想要的。然而，自己内心也有挣扎，女孩子最好的年纪也无非就这么几年，如果都用来等待，不晓得是否算是一种错过。

亲爱的水木丁，我不知道如果换做你，你会怎样考虑和选择呢？亲爱的给我点建议吧！

喜欢你的Echo（厄科）

* * *

Echo：

你好。

经常有姑娘写信给我纠结处女这个事儿的，有的信里说男朋友嫌弃我不是处女怎么办？有的说我是处女，男朋友非得要怎么办？也有的男孩来信说我女朋友是处女我要她不给怎么办？然后现在再加上你这种，我二十五了还是处女怎么办？前几天，我在网上看了一个姑娘写的帖子，描述她陪她同学去堕胎的所见所闻：有十三岁的姑娘就去堕胎的，也有二十几岁就堕胎N次还满不在乎的姑娘，也有四十几岁的女人，总之是各色人等，一应俱全。虽然各人有各人的情况，每个人对待这种事的态度也不同，但有一点相同的就是，最后进去挨刀的始终还是女人，疼的也还是女人，不管男人是什么态度，不管不顾的冷酷自私也好，温暖贴心的负责到底也罢，女人自己身体的痛苦，终究是要自己承受，任何人不能替代。所以我一直觉得，女人对待自己身体的态度是蛮重要的一件事，因为这副臭皮囊终究是要陪伴你一辈子的，是你一生都无法抛弃的伙伴，要抛弃，也只能是连生命一起抛弃。相比之下，男人、爱情反倒是聚散无常的。所以，我觉得一个女人，无论你要对你的身体作出怎样的决定，都应该是一种认真的态度。因此，我可以理解你的慎重，你内心的胆怯和顾虑，我想说这些都是正常的，很多姑娘都曾经有过。你的身体，一定要你喜欢、你愿意、你高兴怎样去做才去做，别人再说什么，别人以怎么样的态度对待这件事，那都是别人的想法，别人的生活，说得再多，也不能代替我们自己的生活，再好的朋友也不可能，再亲密的爱人也无法代替。这一点，也包括我下面要说的话，都只是我对这件事的看法，不是绝对的真理，也同样不能代替你自己的想法，它们只能作为参考意见。

因为这个问题比较复杂，所以我就分几个方面来讲吧，首先说说婚前性行为的问题。我的个人意见是，我不赞成以结婚来界定一个人什么时候应该开始性生活。男欢女爱，本是最正常、最自然不过的事，年轻的姑娘小伙子，身体成熟了，有生理方面的需要了，那就顺其自然，老压抑它干什么？这不就是大自然赋予咱们人类的天性吗？简称人性。以婚姻来作为性生活开始的标准，是用社会道德、规章制度之类的东西，来制约和压抑人性，这是违背自然规律的方式。特别是要求女人保持婚前处女，是完全不顾女人自身的生理需要，把女人的身体作为婚姻的祭祀品，以向未来的丈夫奉献自己的贞操来保障婚姻，换取丈夫的尊重和爱。我们且不说这种事情对不对，退一万步来讲，在我们这个瞬息万变的时代，这种做法行得通行不通就是一个问题。要知道每个人的人生际遇都不尽相同，并不是每一个人最后嫁的那个人，都是她最爱的那个人，也并不是每个人都会顺顺当当地在十八九岁恋爱，二十几岁就和爱人结婚了。现在大龄男女青年这么多，有时候也不知道还要继续等到什么时候才能结婚，或者有的人干脆一辈子就没结婚也是有的，难道就因为不结婚，就要做三四十岁的老处女和老处男吗？人生苦短，青春宝贵，真爱更是无价啊，一个人如果这辈子不能和最爱的人结婚，也就罢了，但如果一辈子都没有和自己真爱的人做过爱，那该是多么遗憾的人生啊！

话说回来，你那位朋友出的主意，我看也是一个馊主意。

什么叫做"可以考虑发生一下关系"？就像你说的，即便不是为了婚姻守贞操，也不需要为了发生关系而发生关系，为了摆脱一个处女的头衔就随便找个人上床，这太可笑，也太荒谬了。看起来好像是蛮开放的，但实际上这和把自己的身体当成婚姻的祭祀品有什么区别啊，根本都是一码事，都是对自己的身体、自己的感受的不尊重。一个女人，为什么会想和一个男人做爱？那是因为她也想拥抱他、亲吻他、渴望他，一如他渴望她一样；喜欢他的身体，一如他喜欢她的身体一样；渴望把自己交给他，一如他渴望得到她一样。有人说，这是欲望，不是爱情，其实爱和欲本来就不是那么容易分清的，即便非要分开说，那么好，退一万步来讲，如果我们希望和一个男人做爱，如果没有爱情，那么至少要有欲望吧。而欲望这种东西，是最自然最正常不过的，不是说你和哪个男人有了一张结婚证就立马对他有了欲望，也不会是你"考虑一下发生关系"就会考虑出来欲望。这是不用任何人来告诉你的，不是我，也不是你的朋友，而是你的身体告诉你的。它来的时候，一定会明白无误地让你知道。只要你有勇气面对它，承认它，像一个成年人一样地知道这是再正常不过的事情就好了。

所谓忠诚于自己的感受，有时候不仅仅是表现在我想要什么的时候就勇敢去面对、去追求，还包括我不想要什么的时候我就不要。是处女又怎样，不是处女又怎样，那都是你自己的事情，谁有权利去评价你的生活正常不正常，我们为什么要因为我是谁而感到羞愧？长期以来，我一直觉得所谓"正常"的人们对所谓"正常"的标准理解很狭隘，很自以为是。有一次，我采访一个心理学家，也问过他类似的问题，在什么样的情况下属于不正常。她告诉我说，人的身体、心理，以及成长各自有异，其实很多的生活形态都可以被算在正常范畴之内，在不影响他人的通常情况下，只要你自己能够接受它，觉得舒服合适，它并没有引起你内心太大的冲突和矛盾，不影响你的日常生活和行为，不影响你的思维判断，那么它就没有什么不正常的。所以，你也没什么不正常，也没什么不好的。谁也没资格说你不正常，别听他们那一套。没有必要为了把自己搞得所谓"正常"了，去勉强自己做什么事。

虽然我是不赞成婚前守贞那一套的，但是我觉得一个姑娘的第一次，依然是很重要的，不是为了什么道德观念，也不是为了讨好任何男人，只是为了讨好自己，珍爱自己。男欢女爱可以是一件美好的事，但是要做自己爱做的爱，它才会带给人快乐和享受。否则的话，它也同样可以成为恶心的、丑陋的事，只会带给人不愉快的回忆。试问不愉快的回忆怎么能给人带来正常的生活呢？而一个女孩子最初的体验，往往会影响她一生对待性爱的观念，所以，我觉得每个女孩子的第一次，一定要跟自己想要的人做，这很重要！要为了自己的喜欢、享受和渴望去做，不要勉强，这很重要！不要为了讨好男人，迁就男人，去换取男人给自己的一点点爱，就把自己的身体当礼物去奉献，这很重要！这样的话，即使大家最后不能走在一起，不能成为夫妻，但是把自己的身体，自己的第一次，留给自己的爱情，自己最爱的人，哪怕仅仅是当时最爱的人，都是对自己的一种诚实，就是把自己的贞操留给了自己，那是我们从岁月偷取、给自己留下的青春的礼物。这样，当你垂垂老矣的时候，回想往事，我们才会说，我做的，是我一生都不后悔的决定。

若不是爱过又把你失去

亲爱的水木丁：

　　您好。

　　我是一个已经三十岁的大龄未婚女青年，刚刚见完有妻有子的初恋男友。这个见面很单纯，就是见面吃饭。在此之前，我自从知道他结婚了就再也没主动和他联系过，他偶尔来电，我也是保持距离，只问事务。我的原则很清楚，选择了结婚，还要来我这里找暧昧调剂你的婚姻，那是没有可能的。而这次，可能我正在病中，原则把持得就没有那么好。

　　然而，见完面后我发现，感觉竟然还是蛮愉快。更为重要的是，他现在混得很好，有名车豪宅，是我在这个时期非常渴望的那一类男人。我对物质的要求不是多高，舒服安稳就好，但有钱加上有趣，却很难得了。尤其是有趣，这让他显得魅力四射，让我感到了深深的遗憾和懊悔。

一个不爱自己的男人，再好也和自己无关，这个道理我明白。我所以这么后悔，是因为我本来可以拥有他。我们是大学同学，恋爱两年我冲动之下提出分手，后来想挽回无果，想离开他又总留一点期盼，纠缠日久我无法忍受，去了另外一个城市读书。后来我几度恋爱，毕业时却还是孤身一人。毕业后找工作时，他突然来电。当时，我手头恰好有几个不错的机会在他的城市，我几乎要以为那就是传说中的缘分。然而去到那里，我发现他对我仍然不是一个爱我的男人应有的表现。多年纠缠，我对他信任的基础已经相当薄弱，加上那些工作都不太吸引我，仓促之间我选择了另外的城市，放弃了他的城市。选择之后，我其实小有后悔，他也仍在和我联系，我其实也在考虑如果我和他有发展也可以再过去。再然后，我从别人嘴里知道了他结婚的消息。

吃完饭，我就让他送我回去。他说让我先去他的酒店，他把带的什么特效胃药给我，我说我已经好了。在离我住的地方还有五分钟路程的地方我让他停车，自己走了回去。思绪万千中，他打来电话，很大声地放一首歌，我嘴里说歌词听不清，讥讽他一把年纪还这么恶俗，听这种滥情的歌，眼泪却掉了下来……

我不明白我在哭什么。我仍然不认为他是真的多么爱我。如果爱我，我们不会到今天。和他的相见给了我一种感觉，会不会我和他本该是圆的两半，但错过了彼此。他对错过的遗憾，我相信是真诚的。只不过由于他事实上的圆满，和他更关注的现实，对他不构成什么大的影响而已。而我在现在的境况下，却担心由于自己的错误，错过了一个可以让人生愉快的伴侣，而且再找不回来了。也许，我只是害怕，害怕我的未来中，连他这样的都不会再出现，我所期盼的爱和幸福，最后其实不会到来……

真的很想听听你对这样的我，这个三十岁还在水中央，对未来失去了掌控感的女人，说点什么啊……

一个相当忧愁的窝窝头

* * *

窝窝头妹妹:

你好!

读你的信，让我想起电影《秋日传奇》的故事，也许你也看过，但今天，我想从另一个角度，再讲一遍。故事里说一个女人遇到了三个兄弟中最小的一个，两个人谈婚论嫁，弟弟带着女人去见他的两个哥哥和爸爸，女人第一眼看到二哥，立刻爱他爱得不能自拔。二哥也喜欢上了她。但是她并非不善良，也不能辜负弟弟，于是只能把这份爱藏在心里，默默地幻想一下，如果没有弟弟，只有哥哥该多好。不久，南北战争爆发了，弟弟竟然真的在战场上身亡了，哥哥从战场上归来，终于可以光明正大地爱自己喜欢的女人，但是他内心始终对弟弟有所愧疚，最后，还是选择了离开去疗伤。女人等啊等，等了很多年，最后等来一封信，让她别再等他了。女人于是只好放弃，嫁给了一直默默爱着她的大哥。但是，当她终于心如止水的时候，那个男人却又突然回来了，站在阳光下，站在女人的玫瑰花丛前，带着他给她的礼物，向她求婚。女人肠子都悔青了，但是一切都无可逆转。男人于是祝福了她，接受了这个现实。本来，男人如果就此继续做他的浪子，女人也不至于更痛苦，反正他就是那样一个不驯服的人，这世上没有哪个女人能得到他的心。然而有一天，他来告诉她，他要结婚了，他的新娘，是他父母从小看着长大的一个小女孩。你能想象这是多么令人崩溃吗？小女孩很小的时候曾经说，她长大了要做他的新娘，然后人家长到了十八岁，就顺理成章地心想事成了。人家什么都不用做，只要长大就可以了。而她呢，她用一生去等他，她付出所有，承受痛苦，只因为放弃了，所以没有得到想要的那一个结果。

好吧，如果你觉得这个故事太戏剧性，我还有个家常版的真实的故事，说是一个姑娘和他的男朋友谈了七年恋爱，怎么也不能成婚，没别的原因，男人恐婚。姑娘实在忍无可忍，终于提出分手，男人于是同意了，反正我没有对不起你过，分手也是你提出的。结果令人惊讶的是，三四个月之后，男人认识了一个女孩，立刻认定了对方是自己一生中注定的女人，竟然闪电般地结婚了。而姑娘则一直寻寻觅觅，虽然立志一定要找个比他更好的，但无奈一直没有遇到。后来的某一天，男人在和友人聊天的时候，突然情绪失控，泪不自禁。他说，有一天他发现他的新娘像极了当年的她，才知道他一直都是爱她的。然后……然后能怎样呢？怎样也不怎样吧，这件事除了被本人改写成小说换了几个钱花花以外，并没有什么怎样的续集再发生。

我想，曾经经历过这样爱情的人，不在少数吧。想当年，如果我们能够更成熟一点儿，更懂事一点儿，更会退让一点儿，再坚定一点儿，再珍惜一点儿，我们的爱情，也许还可以牵手走到今天。但是当年的我们，就是一定要那样争吵，那样固执、较真儿，就是那样毅然决然地决定了放弃了，因为那就是青春。即便从头来过一百次、一千次，也还是会作出同样的决定。因为当年的我们，不是现在的我们，当年的我们，就是会作出这样的决定。所以，现在的你和他，重新又相遇，你们是和从前并不相同的两个人，现在的你们，也许终于成长到适合彼此了，可惜没有人可以回到过去，好不容易人对了，时间又不对了。所以，当初的决定未必错，现在的后悔也未必对，错的只是错过本身，不在他，也不在你。

有人苦苦等待一生都等不到，有的人顺其自然长大就水到渠成，老话说得好："人比人得死，货比货得扔。"所谓"命中注定"这四个字，总是说说容易，接受起来却很难。人活在这个世界上，什么是该坚持的，什么是该放弃的，我们常常在当时觉得自己很明白，但回过头去看，总是开始怀疑自己如此的命运，是不是因为当初曾做错，后来屡屡错。怀疑自己总是坚持了不该坚持的，放弃了不该放弃的，才造成今天的遗憾。可是，谁又是从一开始，就能够预测到这样的结局呢？如果不是经过失去的痛苦，他不会是今天成熟的他；如果不是经过后来的寻寻觅觅，你也不是今天懂得珍惜的你。生活就是这么戏谑，一个女人总是会成为一个男人的好学校，教出来一个男人，但最后这个男人却离开了她。这是用自己的青春和血泪为另一个女人做了嫁衣。然而，这样的命运，我们却总是死活逃不出去。只要你一天不肯彻底放弃，他就无法从彻底失去中醒悟。也许，从无知到有知的过程就是如此，如果当初不曾爱过又把彼此失去，我们不会成长为今天更适合彼此的那个人。亲爱的，你当初的选择是对的，那就是当初的你，面对当初的他应该作出的选择，即便镜头再倒回重放一百遍，当年的我们，还是会在当年的心境下走同样的路。人生往往就是如此，有时候人之所以拼命想挽回点什么，改变点什么，只是因为不肯放过自己罢了。

　　"愿上帝赐予我平静，去接受我不能改变的；赐予我勇气，去改变我能改变的；赐予我智慧，去明白两者的区别。"现在回头再看这句话，才明白，生活首先赐予我们智慧，以它自己的方式，然后才会有随之而来的平静和勇气。而遗憾的是这个赐予的随赠品，你无法只要一样，而不要另外一样。但是能感受到这份生活的赐予，也总是好的，毕竟不是每个人都有这份悟性可以接受到这份赐予。所以，原谅自己吧，也放过自己，就让人生充满遗憾，什么都不必改变，因为有遗憾的人生，才是人生本来的样子。所以，就让日子继续吧，什么都不必重来，直到有一天，我们再次回头

看，往事还是那些往事，但生活终会让我们懂得："将要直面的，与已成过往的，较之深埋于我们内心的皆为微沫。"（艾默生）

（注：文章标题取自绿妖同名短篇小说）

关于他抛弃你的一千个理由

亲爱的水木丁：

　　2004年，我来到上海读研究生，在学校教室里邂逅了他。我对他是一见钟情，第一眼就喜欢上他，那个时候，浪漫单纯得一塌糊涂，因为彼此都是对方的初恋，所以爱得毫无保留。2007年，我们一起毕业，一起找工作，一起留在上海。2008年，我去内蒙古拜见了他的父母，我感觉得到他父母并不是很喜欢我，他说没关系，父母会尊重子女的决定。2009年5月，他母亲要来上海和他同住，他说要搬出去住，我答应了。6月，他妈妈来了，像是老天故意安排的一样，他母亲行程临时改期，换到了我出差到厦门的同一天，抵达厦门时，我电话给他母亲表达歉意，说没能接机，电话里没有听出任何异样。几天后，我回到上海，听到了他说分手。一个星期前，他还在我耳边软语温存，说一起努力，一起奋斗；

一个星期后，面都不见在电话里就变成了分手。刚听到分手的我，心里充满着恨，恨他连我们一起努力的机会都没有去尝试就宣布投降，也很决然地同意了，像是在休克一样，没有太多疼痛。

接下来，慢慢缓过神来，想到从我二十四岁遇见他，到二十八岁分手，这段曾令同学朋友那么羡慕的恋情黯然收场，心里开始很疼很疼，一个月的时间，我的体重一下子跌到了八十斤，为此，我也失去了重要的晋升机会。其间我也同他见过一面，想知道为什么要分手。他说我的爱让他没有空间，我们很多习惯都不一样，他还列举了诸多对我不满的例子。

5月接到他的信息，说要移居北京，离开前再见一面。这一见，我更多地看到了他当初的想法。他也许更早更早就不爱我了。他借着母亲来的幌子跟我分手，把我拖在一段他自己早已不认定的关系里，可惜我还傻乎乎地等着去结婚。

一段伤痛的感情结束后，我发现自己好像丧失了爱异性的能力。我并不恨嫁，但希望能找到一个自己爱的和爱自己的人去结婚；我是快三十岁的女人了，周遭人热情询问归宿时心里是不安的；但我也不想糊涂嫁人，仅仅是因为大多数人都觉得你该嫁了；我更不想不嫁人，我渴望找到一个人相知相守。

亲爱的水木丁，读得出我的惶恐吗？谢谢你能耐心看完！

祝：健康、快乐！

阿拉蕾

* * *

阿拉蕾：

你好。

在正式回答你的问题之前，我想先说一句题外的话，那就是有时候读一些朋友的来信，常常让我觉得自己作为一个写文章的人，是一个很幸运的人，因为从来信的字里行间，我常常能感到这些文字背后的人，是一个聪慧、懂事又善良的朋友，虽然可能有这样那样的问题需要探讨，但都是悟性很好的、能听懂我说话的人，这常常让我喜欢和你们通信，并不觉得这是一个工作的负担。读你的来信，也让我有这样的一种感觉。凭你文字给我的感觉，我想你应该是一个懂得自省，也很谦和，并有责任感的姑娘。这是我作为一个陌生人，基于在这封信里你所表达出的对一些事情的看法和做法，所得出的对你的判断，而不是基于那种你自己对自己的描述而作出的判断。所以，我觉得我的判断，应该还算是基本客观的。这些特质是这个时代里不可多得的好品质。我同时也知道，即便是你身边的朋友、同学、你的父母，甚至连我这个陌生人都说你是一个有很多优点的好姑娘，但是在你的心里，还是抵不过离开你的那个人对你说的一句贬损的话。我们所有的人对你的肯定，都抵不过那一个人对你的否定。也许你在理智上也知道这些，但是从感情上，一个失恋的人，往往就是会抱着一个人对他的判断不放，把这一个人对他的宣判当成全世界对他的宣判，而对周围的人对他的爱，对他的尊重都视而不见。这是失恋的人常常有的钻牛角尖的心态，有的人很多年都没绕出来，虽然后来看上去很正常了，但是实际上内伤非常严重，导致了他们的人生迟迟不能重新开始，害怕爱，也害怕伤害，就像你说的那样，失去了爱的能力。

　　一段感情失败了，结束了，照理来说，无论采取怎样的方式分手，都难免造成伤害。伤心虽是难免的，但在分手的时候，还能看在往日的情谊上，为对方的未来着想，尽量地保护对方的自尊、自信，坦诚地面对问题，承担自己应负的责任，不要将过去全盘否定，不要否定对方的优点，告诉对方自己也和他一样在承受痛苦，彼此陪伴走过这段最艰难的岁月，却是我们可以尽量做的事。然而有的人，却总是急于推卸责任，好的时候甜如蜜，分手的时候就把对方贬得一文不值。被抛弃的一方这样做也就罢了，无非是想给自己挽回点尊严把日子过下去。然而，有时候恰恰是急于摆脱这段感情的强势的那一方也会这样做，不声不响地走开，不解释，不沟通，到最后，也只是说出"我离开你都是因为你不好"这样的话来。这样做，真的是很自私吧。抛弃本身已经是很伤害人的行为，还要在对方身上踩上两脚，能够这样做的人，是只为自己能够尽快从过去中走出来，只想着要保护自己的自信心和自尊心，却完全不顾他人没有了自尊心和自信心，将来要怎么继续生活下去，怎么去爱，怎么相信自己还是值得被爱的呢？他们不管这些，他们只顾得上保护他们自己。

不爱不是错，但是不爱就不爱，干吗要糟蹋人呢？遗憾的是，我们在爱情中，常常遇到很多人就是会这么做。对于他人的行为，我们无力左右，但是我们至少可以看清楚这些对于我们的贬低、损害、羞辱，是他人有目的的行为，而不是因为我们自己本身是一个不堪的人，我们至少要懂得对自己公平一些，客观一些，而不要那么轻易地被一个已经不爱自己的人毁掉一辈子，不要让对方释放的怨气弥漫在自己的生活里，把自己的未来吞噬掉。再扯远点说，你这样全盘地否定自己，不就是在全盘否定你父母对你的辛苦培养和教育吗？这又让你的父母情何以堪呢？所以，我觉得一个人遇到你这种情况，就算为了父母，也不可以随便地妄自菲薄，如果你真爱他们，就不要把他们引以为傲的孩子贬低得一无是处。从你的信中看，你的男朋友以你的种种不是作为理由和你分手，但他也未必说的都是实话，也许只是不想和你做爱了；也许是找到别的女孩了；也许是嫌你家境不好耽误了他的前程等等吧。如果他不说，你是不可能知道的，人是会撒谎的，这个世界上是有借口这种东西的。你也不必再猜，因为那些都已经不重要，重要的是他不想和你在一起了，但是这一切真的并不一定是因为你很差。

至于造成分手的技术原因，肯定是有的吧。不过，我总感觉没必要那么自责。年轻的时候谈恋爱，谁不是摸着石头过河，磕磕绊绊地走过来的呢？难不成那些终成正果的爱人，就都是情商一百分的人精？我看也未见得。所以，在这里，也想和你的朋友及家人说句话，就是遇到身边的姑娘有这样的情况，别急着跟她分析往昔的对与错，支持鼓励、帮助她心理重建比什么都重要，一个人如果连爱的勇气都没有了，懂得那么多技术上的道理又有什么用？而至于你，善良的姑娘，我只想对你说，站直了，别趴下，咱不能让人随便糟蹋。无论未来是怎样的路，都要做一个有尊严的人，挺直腰板走下去，勇敢爱、相信爱。不管结果如何，这是我们不枉此生来过这个世界的唯一的方式。

你看你看爱情的脸

水木丁：

　　你好。

　　身边无数的事例都是这样的：女生遭到男生劈腿，然后发现了那个男生的现任女友，论智商，论相貌，论气质，甚至论脾气都公认的不能和自己相比，于是她们反反复复不厌其烦地追问身边的朋友，到底这是为什么？

　　相反的情况是这样的，你暗恋的人，你喜欢很久的人，或者你爱的人，你们曾经在一起过也好，你只是十年如一日地暗恋他也好。总之，他和自己的现任女友在一起，是那种肯定会走入婚姻殿堂的一对。但是你对自己的折磨并没有从此消失，你偷偷看那个女生的空间、博客、校内，你郁闷为什么你的相貌甚至不及对方的十分之一，你甚至会把不够好看作为自己没有被选择的理由，然后暂时放弃所有在其他方面提升自己的努力。记得好像是张爱玲曾经说过，大意是你一生都避免不了暗暗地和你爱的男人的女人作比较。尽管你的内心也很清楚，相貌并不是被选择的唯一标准，但是确实是最容易被理解的标准啊。

被这种羡慕嫉妒恨折磨的人，会被解释为内心不够强大、肤浅什么的。但是发现自己喜欢的人选择的对象比自己丑，估计很多人都会松一口气，而发现对方选择的对象惊为天人，恐怕没人会不沮丧吧。这简直就是一种本能。

那些把这种本能发挥到极致的人，就会出现这种症状，《欲望都市》里有一集讨论超模的问题，Charlotte（夏洛特）说："不管我感觉自己看上去有多好，只要我看到克里斯蒂·特林顿的照片，我就知道我输了。"同理，不管自己这一天看上去多美好，脑子里一想到自己可能比不上另一个女生的十分之一，就立刻像泄了气的皮球。也许没这么夸张，但是多少都会有点儿。你能够安慰自己的，除了精神胜利法，除了心灵美，除了想靠修炼气质来弥补剩下的十分之九之外，最靠谱的恐怕只有避而远之，默默祈祷神仙保佑让你这一辈子都不要在这座城市灰头土脸地遇见。这是多么不可理喻和脆弱的自尊啊！可是它就那样如影随形，明明觉得不在乎什么感情了，可是为什么还是会比较，难道一直要比到死才罢休吗？

* * *

Daisy:

你好。

前一段时间，我曾经写过一篇文章，叫做《读书的女人危险》，后来就看到不止一个读书很好的姑娘感慨地说，自己身边就有这样的朋友，长得特别漂亮，从小到大都不读书，读也是读言情小说之类，可是追他的男人总是趋之若鹜。我看完了她的留言就想，这话的意思，就好像那位漂亮的姑娘就只是因为漂亮才那么受男人欢迎似的，可这样的看法是不对的呀。读书可以让人有知识，但是不等于一定会让人有智慧，漂亮的姑娘，虽然不读书，但是她们未必就是没有智慧的呀，要知道，很多智慧本来就是在生活中学来的，而且很多对付男人的智慧，就是在和男人相处的经验中学到的。如果一个姑娘漂亮而不读书，人家可能只是没有专业知识，没拿到个什么学位，可不一定是没有对付男人的智慧的。她可能又漂亮又好玩又有勇气又性感。总之，我一直认为，一个女孩子如果能够吸引男人，漂亮固然是很大的原因，但绝对不仅仅是因为漂亮。当一些女孩读书的时候，另外一些姑娘在谈恋爱，只能说，两样做好了都是本事，各自用各自的方式生存罢了。

再退一万步来讲，给你讲个例子。我曾经看过一个英国科学家的一本书，是研究一些著名情侣的面相的。这本书认为，有时候人的审美观是和他们的成长经历密不可分的，人们会对和自己长得像的人，或者是对和自己的亲人相像的人首先产生好感。令我印象深刻的就是英国的查尔斯王子和卡米拉。作者把查尔斯王子小时候的保姆的照片展示给读者看，那位保姆简直和卡米拉长得就像是一个人一样，而且查尔斯王子从小就被女王冷落，他是这位保姆一手带大的。科学家说，这也许能说明为什么当年查尔斯对卡米拉一见钟情，戴安娜那么美，可就是抵不过卡米拉在查尔斯王子心目中的地位。当然，这些原因是连他自己都可能不大清楚的。

所以，你看，我们就单单讨论一个人为什么会对另外一个人的脸有感觉，都是一件这么复杂、没什么唯一标准的事儿，这种不靠谱的事儿，能上哪儿说理去？最后就只能回归到那句老话，王八瞅绿豆，对上眼了呗。如果要找人上床，多少漂亮的、不漂亮的可能都不够；如果要是要在一起，那么只有漂亮是不够的，两个人要合适才行。什么叫合适？你是标准美女，可是他恋母，另一个姑娘长得正好像他妈，他就爱她不爱你，这就叫合适。你性格温柔又体贴，可是他不凑巧是个受虐狂，而她正好是女王，扇男人耳光左右开弓，他就是爱她不爱你，人家那就叫合适。你觉得他爱她是因为你看到的那些她有而你没有的东西。其实是什么呢，那个男人真正要什么呢？我不可能知道，你也未必知道，也许那个男人自己都不知道，反正人家就是觉得合适，所以，你嫉妒什么呢？

　　人之所以会嫉妒，无非是幻想如果我成为另外一个我，就会得到幸福。可是美女也有离婚的，丑女也有嫁得好的。人之所以存了比较之心，是因为觉得这个世界只有一种标准，我不幸福是因为我不达标。可是生活哪有那样浅薄，那样简单呢？它要丰富得多，有意思得多。那样的标准，都是人定出来的。你要羡慕嫉妒，可是你羡慕嫉妒什么呢？所有你看到的关于他人的生活，并不是生活的全部；所有杂志上的美女、模特，都不过是表象，那并不真实。为了根本不了解、不真实的东西而嫉妒，有这个必要吗？

　　我从来不觉得外貌问题是什么肤浅的问题，因为有种说法我一直觉得很有道理，就是"相由心生"。你现在也许是很好看，但是还觉得不完美，不过我可以告诉你，嫉妒、抱怨、恨，这些都是心灵的毒药，它会写在脸上，通过很多微小的表情，一刀刀地随着岁月刻在你的脸上，让一个女人变得更难看。年轻女孩为什么看着就讨人喜欢？这是因为她们经历得少，心里的毒素少，所以才会让人觉得特别可爱。而很多女人年纪大了，心里的负面情绪太多，慢慢凝固在表情里，就会把人变得越来越丑。你问我有了这样的比较之心该怎么办，很简单，每次发现自己在嫉妒羡慕别人到了焦虑的程度时，就去照照镜子，提醒自己又离怨妇近了一点，告诉自己，这个世界上没有任何一个女人，是值得你为她们喝下嫉妒的毒药把自己变丑的。而对于那些互不相关的陌生人，你不必付出哪怕是一条皱纹的代价。

爱是寂寞撒的谎

亲爱的水木丁:

　　我今年二十八岁，去年年底结的婚。老公是个温厚敦实又善解人意的男人。认识我们的人都说我很幸福，找到这么好的男人。我也曾经认为自己很幸福。

　　我从小就不太乖，初中的时候就跟社会上一些不良青年混在一起，还谈了三场恋爱。高中的时候交了一个比我小两岁的男友，并一直持续到大学期间。

　　第一次背叛发生在我大二的时候。背叛的原因有很多，但我想最直接也最根本的原因，是因为我寂寞。我在另一个同乡男孩的追求下出了轨。没多久，我又在网上认识了另一个男孩，并迅速由一夜情发展成男女朋友的关系。那个男孩很爱我，但他的脾气和性格令我有点受不了。毕业前夕，我在去实习的时候爱上一个比我大二十岁的男人，他知道后用尽各种恶毒的话语骂我，我终于狠下心来跟他分手。

经历过这个男孩之后，我倾向于找脾气、性格都较好的人当伴侣。也是因为这样，我深深伤害了两个非常善良的男人。第一个对我很好，几乎是千依百顺，但他一向也没什么大志，家里也没什么钱，我勉励了他几次之后，越来越觉得失望。这个时候，我认识了一个在报社做业务的小伙子，上进心强，脾气也一等一的好，再加上新鲜感，我的心开始向这个小伙子倾斜了。

于是，我又一次选择背叛，投向另一个人的怀抱。这一次，我以为自己真的会消停会儿了，因为我找到的人再也无可挑剔。但是新鲜感过去之后，我又不安分起来。最后，我对自己感到完完全全的绝望，我开始看透自己，原来我不停换人，并非是因为那人不够好，而是因为我喜欢刺激，喜欢心跳，喜欢不断和陌生人恋爱，喜欢被爱慕和追求，我"爱上恋爱的感觉"，我"只爱陌生人"！

这场恋爱期间，我出轨过两次。后来，我就和现在的老公走到了一起。

水木丁，我不知道你会不会鄙视我。其实我无比鄙视我自己。这些年来，我谈过的恋爱有九场，没正式成为男女朋友关系的更多。我轻视这样的自己，我觉得像我这样的人是要下地狱的。

　　我自己也搞不懂。也许是我内心里一直认同世俗的看法，认为女人必须要结婚；也许是我怕老、怕孤独；也许是因为一时冲动……总之，我结婚了，然后，很担心的事情发生了：我后悔了。结婚一个月后，我认识了一个很帅的男生，我精神又开始出轨了……幸好因为我们不在一个城市，所以只能在精神上出轨，实质上并没做对不起我老公的事。我对老公越来越冷淡，还动不动就指责他。其实，他真的是一个很好的人，我不想伤害他，但有时候就是忍不住。精神出轨的那段时间，我几乎都不让他碰我。我不知道像这样的生活以后怎么过下去？为什么我会是这样一种女人？我对我的婚姻生活感到灰暗和绝望。我的理智和良知在告诉我，我应该做一个正常的女人，该好好爱自己的丈夫和家庭，但是我的情感和欲望从不让我这样。我无时无刻不在期待另一场惊心动魄。我很烦恼，我有时候很想自杀，因为我觉得活下去都是丢脸。

　　　　　　　　　　　　　　　　　你烦恼的朋友

烦恼的朋友：

你好!

看了你的来信，让我想起《小王子》里的那个小王子，他住在一个只有他一个居民的小星球上，偶然发现了一朵美丽的玫瑰花，他觉得它太美了，就每天为它浇水除草，精心呵护。然而，玫瑰却渐渐变得骄横起来，伤透了小王子的心，于是，小王子最后离开了他自己的星球四处游荡。有一天，他来到地球，惊讶地发现，这里仅一个花园就可以有五千朵玫瑰花，而他自己的那朵，其实只不过是最普通的一朵玫瑰花罢了。开始的时候，他对自己这个发现很伤心，然而后来，他发现自己还是离不开自己的那朵玫瑰花，因为尽管世界上有无数朵玫瑰花，但只有那朵花，是他浇灌过、保护过、付出过，甚至为它伤心过的花。一句话，它征服了他，他也征服了它。

这个故事很多人也许都看过，在这里重新讲一遍，是因为我想告诉你，这世间纵然有许多对感情的背叛，但是没有人可以真正轻而易举地背叛和抛弃自己曾经付出的爱。对他人背叛，也许需要承受的是良心和道德的谴责，但是对自己曾经付出那么多感情的背叛，需要承受的则是发自内心的自我否定、焦虑和失去的痛苦，因此，后者对任何人来说，都不会是一件容易的事。所以，如果一个人像你这样，这么轻松地就可以背叛和放弃，那原因其实只有一个，她从来没付出过，也没有真的爱过任何人。她拥有五千朵玫瑰的大花园，但是她从未曾拥有过一朵世界上独一无二的玫瑰。

这个世界上所有人都谈恋爱，但有的人谈一辈子恋爱，都不知道爱到底是什么，因为爱是一种发自人内心的东西，有的人天生就缺少爱的能力、对爱的悟性和为爱付出的勇气，这和他谈多少次恋爱、有过多少情人并没有关系。虽然他们也极力去寻找爱，但是由于某种原因，他们的内心深处并不产生这种东西，所以，他可以得到情人、性、婚姻，和人建立各种关系，但就是得不到爱——这种灵魂深处通达彼此的关系，因为他自己的心从未真正敞开过，别人也到不了他灵魂的深处。

一个在灵魂深处不能爱、不会爱，却偏偏渴望爱的人，虽然一直谈恋爱、被人爱，但是她依然感受不到幸福快乐。就像大海里的落难者，四周全是水，却依然被渴死。他们的心里有很深很深的寂寞，所以一次一次地去追寻激情，想用那种陷入恋爱的感觉来欺骗自己，说这就是爱，但那感觉就像是沙漠里的海市蜃楼，很快会幻灭，一次一次地让他们失望。因为爱来自每个人的心里，而他们的心像沙漠一样干涸，种不出这世界上独一无二的玫瑰。

没有付出，就没有爱。不能真正打开心门，接纳他人，就没有爱。爱的相互付出，慰藉灵魂的孤独，让我们感觉自己是这个世界上的一朵独一无二的玫瑰。永不付出的自私的人，既不可能给他人独一无二的幸福，也不可能感受到自己是独一无二的那种幸福，因为激情是很容易就消退和随时可以被他人替代的，而我们自己付出过的感情却不可能随便被替代。就像面对五千朵玫瑰，小王子说："你们是美的，但你们是空虚的，因为没人能为你们死。"

所以，你问我会不会鄙视你，我的回答是，不！没有爱，可能很多成长过程中曾经留下的阴影和伤害就会伴随终身，一辈子都得不到治愈。就像卡伦·霍妮说的那样："有些人即使得到了他希望得到的一切，也不可能真正享受它。"这样的人，是完全被关在幸福大门之外的人，别说谈九次恋爱，就是谈九十次、九百次恋爱，也不过是寂寞撒的又一个谎，他们只是可怜的人罢了。所以我想，你的问题，并不是要不要和老公在一起，而是要真实地面对自己，停止用谎言来哄骗自己，追根溯源地搞清楚你自己心里的问题，由零开始，重新学习如何真正去爱。否则的话，即使换再多的男人，最后的结果都是一样的。

回一封信之有时选择大于努力

水木丁:

　　您好!

　　我是一名公务员，2010年刚考上的。2009年的时候，因找不到工作而绝望的我主动去相了一次亲，对象是我姐的高中同学。因为那时对方的收入还不错，又有房子，渴望改变现状的我便同意了。我们认识三天就确定了关系，三周后正式订婚。可是，刚认识对方三四个月时，我便考上了我们市的公务员。对方觉得彼此身份有了悬殊，主动提出可以退婚。我父母觉得这样做有损家里的声誉，便执意不肯。当然，我也是不愿意退的。因为我对对方工作的要求不是很高，人好便可以了。谁知道，2010年金融危机，他的生意一蹶不振，整整一年几乎没有任何盈利。我们2010年9月结婚，婚后赋闲在家的他对我疼爱有加，几乎包揽了所有的家务。2011年初，他竟然想去酒吧驻唱。我觉得到酒吧唱歌不是一个很好的职业，因为不够体面，能否挣钱倒是次要的。可他不想依附于我，坚持要到酒吧唱歌。我的心里凉凉的，觉得自己从小就那么要强，现在却找了一个不是很求上进的男人。我现在进退两难。不要他，不舍得他对我的好。要了他，又恨铁不成钢。请水木丁姐姐给些建议。

非常感谢！

茶茶

*　*　*

茶茶：

你好。

虽然老话说得好，宁拆十座庙，不毁一桩婚。但是读了你的来信之后，我真是打心眼儿里觉得你和你老公根本就是完完全全的两路人。从你的来信中可以看出你是一个比较实际，希望按部就班地过稳定生活的人，但是你老公却是一个比较温和随性、向往自由、热爱文艺的人。这样的两个人，他们性格观念的形成都不是一朝一夕的事。如果是完全的背道而驰，相差十万八千里的，就不太可能靠婚姻的责任和磨合从本质上改变。因此坦白地说，我认为你们的结合本身就是个错误，你们最应该做的就是赶紧纠正这个错误，趁还没有孩子各奔前程，将来一定还有机会寻找到各自的幸福。如果一定要这样捆绑在一起，最后的结果无非是要么拖个十几年，两个人都精疲力竭，或者另有所爱再离婚，要么成为一对怨偶过上一辈子。

有一次看电视上采访演员谢圆，他说人生的选择大于努力，这让我想起我最近刚刚拜访过的一对小夫妻。这对小夫妻中的女方是我当年在报社的同事，从两个人恋爱到结婚，到现在有了一双小儿女、老公的公司上市，不过是几年间的事。我去他们家小住，发现同事虽然已经是两个孩子的妈妈，却还像小女孩一样，对什么新鲜的电子产品都感兴趣，而他老公也一样。她乐善好施，他老公也是个大方开朗的男人。两个人会时不时地把孩子分别送到爷爷家和姥爷家，出去过一下二人世界，或是带着儿女一起自驾游，用两个月的时间走遍中国南北。最近，两个人计划去欧洲自驾旅行，我问她还要带孩子去吗，同事说，不带，孩子要自己学会长大。

我想这就是那种所谓和谐的夫妻关系，而我身边还有几对这样的范例，夫妻间的配合度极高。据我观察，因为他们彼此的价值观、人生观是基本一致的，所以过起日子来非常容易，并不需要做特别的努力去沟通。因此男人更有精力去干事业，而这样的夫妻，开始的时候哪怕艰苦一点，最后日子也往往都过得不错。

这就是婚姻中的选择大于努力，而我想在后面再补充一句，不作坏的选择，要比作一个好的选择更重要。因为有时候作一个坏的选择，可以抵消掉好几个好的选择，而建立在坏选择上的努力，只会白白消耗你的生命和情感。那么什么是作了坏的选择呢？就像你这样，明明感情基础一般，彼此性格观念有那么大的差异，在结婚前就已经对对方生出嫌弃之心，还要硬着头皮作出结婚的决定，这不是一个坏的选择，又是什么呢？也许你会说，我的朋友是因为命好，才作出了好的选择的，可是我想告诉你，在他们最开始作出选择的时候，也经历过很多阻力和坎坷，但他们更看重互相之间兴趣爱好、脾气秉性的契合，而不是那些"对方收入还不错，又有房子"之类。我也见过明明配合度很高的情侣，偏偏要嫌没房子没车，或者嫌年龄悬殊、长得不漂亮不帅、父母不同意等等，最后以分手收场，很多人都曾经和最好的选择擦肩而过，那是他们有眼无珠罢了。

至于你所数落的你丈夫的种种缺点，我是完全不赞成的。

因为你的丈夫不是你的附属财产，他不是为了符合你的要求来到这个世界上的，即便你是一个男人的妻子，也没有资格、没有权利用自己的标准去评判和否定别人的人生，这是对他人的不尊重。我没办法教你如何管教你老公，因为他本来就没有错，他的工作也没有什么不体面，只是你们两个实在是不合适而已。换一个和他志同道合的姑娘，两个人琴瑟和谐，也许可以过得很好。这个道理对你也是一样的，找到一个和你一样踏实勤奋的男人，可能两个人一起奋斗更好。如果你现在的丈夫真有什么错，那么他的错也和你一样，作了一个不应该的选择。作为男人，在这一点上，实在是不应该如此懦弱的。

事已至此，是否要就此结束，还是继续努力一下，我想这又是一个选择，最终还是要你自己来定。尽量作正确的选择，如果运气不佳，没有遇到最对的那个人，那么能不作错误的选择，这本身就是最好的选择了。而如何判断一个选择是不是错误的呢？就听听你自己的心吧，你的心里已经很清楚地知道有问题的选择通常就一定是坏的选择，要有勇气去拒绝它。还是那句话，选择大于努力，幸福属于作出正确选择的人，但是坚持正确的选择并不容易，除了智慧，还需要勇气。

奋不顾身又如何

亲爱的水木丁：

你好！

在这种时候，因为无法告诉别人，所以写信给你。

我是一个即将毕业的大学生，是一个忧伤的孩子，这么说是因为我总是长不大，总是忧伤得需要温暖，要人疼。去年十一月份，我因为一位老师，和男友分手了。那位老师是我第一眼见到就喜欢的人，我喜欢了他两年，后来他告诉我他喜欢我比我喜欢他早。他说他喜欢我忧郁的眼神，那时我也是喜欢他的忧伤，我们理所当然地在一起，仿佛几年的感情一下子释放，我给了他我所能给的一切。可是有一天，我的前男友在学院大闹，说那个老师欺负了我。老师开始用尽一切可能的词骂我，为了他，我放弃了考本校的研究生，换成了另一所大学，为了他，我躲开身边一群比他优秀很多的追求者，可是他却让我滚。

　　我一直以为我的执著会让我和自己爱的人在一起，可是他不让我承认这一切，他让我撒谎。我骗了所有人，我一个人承担着这一切。他不愿和我说话，我压抑着内心的难过，没有好好准备考试，天天在音乐和文字里躲着。他说为了这件事，他放弃了考博，他不告诉我是因为怕我自责，于是我真的自责了，也没有全力去考试，并且为了维护他作为老师的名誉，我说了巨大的谎，伤害了别人。我本想和他一起再考，可是今天我才知道他报博了，过两天要去上海考试。我知道自己错过太多了，为了这么一个不值得的男人，失去太多了。我从可以考更好的本校的研究生，委屈考了另一所较差的学校，到后来为了他彻底放弃，可是他现在告诉我他要去考博了。

　　我过着行尸走肉般的生活，脆弱得抬不起头，我把自己关在宿舍里，上网，写东西，听音乐，喝酒，我想我走不出来了。四个月了，我靠着每天吃安眠药睡觉，我不能告诉身边的人，因为他不让我说，我一个人承担着一切，真的很累！

　　谢谢你能耐心读完。

SONG（桑）

SONG：

　　你好。

　　一般来说，给我写信的姑娘有两种情况，一种是生活中遇到了难处，想法和情绪陷入了一个困局之中，面临着两难的选择，需要听一听来自生活以外的其他人的意见。另外一种则只是跟人念叨一下，撒撒娇，希望对方给予点安慰。前者通常是在反省自身，他们的问题通常是，我哪里做得不对？问题出在哪里？我要如何改进？而后者通常焦点都是在对方，她们的问题是我这么可怜，我这么不容易，我付出了一切，但对方为什么不爱我？为什么会这样对待我？对于后一种，我通常是没办法回信的，因为没什么用。有问题解决问题，没有问题就该干吗干吗去，婆婆妈妈的当知心姐姐是最烦人的事，他为什么这么对你，他爱不爱你，这要去问那个当事人才行，第三者是无法作出判断的。而通常写这种信的姑娘，她们也只是希望能够得到她们想听到的答案。但是对不起，这样的答案，铁石心肠的水木丁是不会提供的。所以SONG姑娘，我下面要说的话会比较直接，如果承受不了的话，这封信你看到这里就可以打住了。

　　在中国的社会，历来有一种对女性魅力的普遍认知，那就是最值得爱的女人，一定是年轻的、柔弱的、痴情的、服从恭顺于男人的。这种认知当然是拜我们这个社会的男性主流价值观的长期灌输和宣传所赐，男人们反复用各种方式来告诉女人，他们喜欢什么样的姑娘，也会警告那些不符合他们标准的姑娘会被社会抛弃，没有人爱她们。在这样的宣传攻势下，其实很难有姑娘不被洗脑的。于是在我们的这个社会里，就出现了一种现象，姑娘们迷恋萝莉文化，迷信用青春、痴情、楚楚可怜、柔顺，奋不顾身地把自己奉献出去，以为这样就可以得到男人的爱，而得到了男人的爱，就是实现了自己作为一个女人的人生全部价值。怎么说呢，在这一点上，男人们并没有撒谎，但是问题是这只是部分事实而已，而另一部分从来不会被强调的事实是，所有这些青春、痴情、楚楚可怜、年轻漂亮什么的，说白了，也不是什么了不起的事。不信你仔细看看周围，哪个充满魅力的老男人不是从青涩的毛头小伙子一点点历练出来的，不是伤人无数，踏着一地破碎的心，跨过你这样的奋不顾身、前仆后继的姑娘们的尸体走到今天的？

如果说青春不诱人，男人们不喜欢去追求和征服年轻漂亮的姑娘，那一定是假话，但是别忘记了，追求和征服，并不等于最后会收容战俘呀，战俘的处理方式有很多种，就地遣散或者活埋都可以，就像猎人打到猎物之后，处理的方法也有很多种一样，其中的一种，就是扒了皮挂在墙上，像奖章一样，永远在他们的记忆中作为一种荣耀的象征。很多男人，就是这样锻炼成为人精的。而你，你在你最好的日子里，玩痴情，玩奋不顾身，玩娇滴滴，成天顾影自怜，荒废青春，荒废学业，放弃原则，可以为他撒谎，在人生重要的关头为了对方，作出明知是错误的选择。到最后，人家成功了，但是你呢？You will be nothing（你将一无所有）.

谈一场不计付出的恋爱是没有错的，我也并不是要你去学会斤斤计较。但是至少我们心里要把这件事搞清楚，那就是所谓的奋不顾身这种事，顶多是你对得起自己，不给自己留遗憾就可以了，但你要觉得你拿着你的青春奋不顾身了，别人就会爱你了，怜惜你了，这是没有的事儿。记得从前有一次和一个朋友聊天，朋友说过一句让我印象非常深刻的话，他说青春是宝贵的，但绝大多数的青春是一文不值的。说青春宝贵，是对个人来说，这是一个人最美好的时光，但是说青春一文不值，则是说这个国家里有多少默默无闻的年轻人，又有多少像你这样的拿着自己的青春，以为靠奋不顾身就能得到爱情的姑娘呢！

亲爱的，奋不顾身很可爱，但是奋不顾身的姑娘一抓一大把，没有什么了不起啊。你如果只有奋不顾身，没有自尊，没有自我，没有真正的属于你自己的价值，你为之奋而不顾的这个身子，除了它是你自己的以外，跟别人有什么不同呢？它到底有什么可贵之处呢？前两天看一个美剧，一位大叔替朋友教育一个年轻的女孩说过一段话："你知道你是什么吗？你是我鞋下的一块口香糖，被宠坏了的小女孩，会在十七岁时怀孕，十八岁时堕胎。然后在寒假遇到某个浪子，最后做个牙科保洁员直至老死……"这话虽然非常狠，但是它真的有醍醐灌顶的功效。其实，纳博科夫的《洛丽塔》里的洛丽塔最后的结局不也就是如此吗？回想一下我们上学的时候，身边那些每天只知道爱啊爱，风光一时，不学习也不努力的姑娘，她们大多数人的命运，不也不过如此吗？她们曾经为之奋不顾身的男人呢，到最后证明不也不过是个平庸之辈吗？可惜的是，很多人太迷信青春、爱情这些个东西了，只看到了故事的前半部，却常常忘记了这个结局。

所以，好好学习，好好考试吧！希望你能重新振作起来，重新找到真正的自己。你写信给我，是希望得到我的同情，但是以你现在的这个样子，我是不会同情你的，人首先要活得有尊严，爱得有尊严，才能够真正被人爱。我希望你们每一个可爱的女孩，都能一帆风顺地生活，不要受这爱情的苦。既然现在已经是不可能的，就只有坦然地面对。任何的爱情，哪怕是经历过摧枯拉朽的失败、痛苦，都不会是毫无意义的，都会给我们的人生留下点什么有用的东西。希望你能从你的经历中真正地学会反省、坚强，真正地长大，希望你能顺利地通过考试，好好地创造自己的未来。记住，这个世界只有你自己是铁定了会永远陪伴你走到底的那个人，好好对待她，不要随便抛弃她。

爱自由，性自由，婚姻不自由

亲爱的水木丁：

　　前些日子和朋友聊天的时候，她突然问我如果结婚以后遇见了自己非常喜欢的人，只是相见恨晚，该怎么办？她之前有过一个一见钟情的对象，只是由于种种原因没有在一起，但一直心中念念不忘，觉得颇有遗憾，而现男友并不是她第一眼看到就喜欢的人，是追求了她许久才答应的。对这个问题，我当时无法作答。我拿这个问题问过另一个朋友，他说，没有更好的，现在的对象就是最好的，所以才有句话说，在正确的时间遇上正确的人。

　　在我听起来，这句话是有些凄凉和无奈的吧，我也一直想知道这句话的正确性。就个体而言，人生苦短，后面大有几十年可以过，自私一点找个爱的人过一辈子是件美好的事。大部分的人都在二三十岁的年纪结婚，但这段时间，也许最适合的人并没有碰见，那岂不是很可惜吗？

昨天在酒馆，那个当初斩钉截铁回答问题的朋友却问大家，如果有男女朋友的话，又碰见一个更好、自己也很喜欢的人该怎么办？我猜他也开始怀疑当初自己的答案了。当时，我们大多数人还是无法给出答案，也没有这些经历，而有一个朋友说自己虽然很喜欢一个女生，是他非常喜欢的类型，却不是很熟，他感觉追求有风险，所以才不行动，而自己的女友就是待惯了感觉相处很自然。在这个问题上，你能就恋爱阶段和婚姻阶段，又遇见相见恨晚的人，发表一下你的看法吗？

爱你的YY

* * *

YY：

你好。

还记得几年前看美剧《欲望都市》的时候，其中有几集让我印象非常深刻，讲的是凯利和当时已婚的Mr. Big（大人物）又走在了一起，凯利和她的女友们谈起此事，她的女友非常一致且态度明确地表示不赞成她的做法，而她自己也深怀愧疚。后来东窗事发，凯利和Mr. Big再一次分手。等到很多年之后，凯利在一个饭馆偶然遇到了当年Mr. Big的妻子，此时，他们也已离婚，而凯利自己也并没有跟那位先生在一起，但是她还是走上去向那位前妻道歉。当然了，那个姑娘并没有原谅她，这也是情理之中的事，只是令我吃惊的是，《欲望都市》的故事发生在纽约最开放的曼哈顿，故事里的四个女人则是这个地方性观念最开放的一群人，别说凯利自己在这六年的剧集里几乎每集换个男人上床，就是她的好朋友们也不差，年纪最长的萨曼莎更可以用"性爱女神"来称呼，但她们对于婚姻之外又爱上其他人的事，却持如此保守的一种意见。于是，在这一集之后，我回想并且观察了一下后发现，在整整六年的剧集里，四个女人不管怎样地自由恋爱和自由做爱，但是作为第三者插足别人家庭的，却只有凯利这一次，而且，她最后还是认了错的。

这很有趣不是吗？在我们这个国家，小三们可以堂而皇之地高叫爱自由、性自由甚至建小三网站来抢夺别人老公，出轨的男人常常毫无愧疚和悔意，围观群众七嘴八舌、众说纷纭。但是在对性观念更开放的西方，公众对婚姻这件事在态度和价值观上所达成的看法却是非常一致的，也是毋庸置疑的，那就是，无论怎样有爱和性，出轨都是错误的，是伤害他人的，有过错的一方，特别是公众人物、政府要职人员，更是必须道歉的，不仅要向配偶道歉，还要向公众道歉。我想这正好可以解释你心里的困惑，婚姻到底是什么？在我看来，婚姻就是一种在感情基础上签订的契约，有爱，有性，但它终究最主要的，还是一纸契约。

爱自由，性自由，但是婚姻不自由。我想之所以连凯利这样洒脱的女人都要为自己作为小三插足过他人的家庭而道歉，究其最根本的原因，不是因为美国人的道德观念保守，而是因为美国是一个相对成熟的契约社会，虽然爱和性的确是属于个人自由的，但是婚姻却是契约精神的体现，爱和性的纠葛往往是只发生在两个人或是几个人之间小范围的事，契约精神却是契约社会最重要的价值观。在一个契约社会里，人们处处需要它的保护，商人做生意，银行贷款，雇员和雇主之间，老百姓和政府之间，小到日常琐事，大到国家大事，谁也受不了跟个不靠谱的人或者集体工作、合作、生活，成天以"这个是我的自由""那个是我的自由"自行其是吧。

婚姻亦如是，在这件事上的对错没有半点含糊。所以说，你爱和谁相爱，和谁做爱，这也许没错，但是婚姻的契约永远高于个人的情感。当然了，一个人总有感情，有本能，这都是难免发生的事。其实这也很简单，你撕毁了合同，你道歉，你接受惩罚，你作出赔偿，这也是契约精神非常重要的部分。在这点上，中国人的价值观混乱得一塌糊涂，一句"真爱无罪"就成了违背契约精神的理直气壮的理由和借口，转移财产，拒绝赔偿。实际上，这种臭无赖品质不仅仅体现在对待婚姻问题上，而且在我们社会的方方面面都有体现。

所以在我看来，在没签订契约之前，我最尊重的是爱的自由和性的自由，在签订婚姻契约之后，对婚姻契约的尊重应该大于对爱的自由和性的自由的追求，因为这是整个社会契约精神的一部分，它很重要，关系到更多人的更多利益。如果个人的自由和合同的约束发生冲突和矛盾，在契约社会里相对也很简单，该道歉道歉，该赔偿赔偿，一切按契约办事就是了。如果你觉得你更看重爱和性的自由，那你就别结婚，没能力遵守合同的人，一定要去签合同，害人害己是早晚的事。

再从感情上来说，我曾经看过一篇文章，叫做《婚姻是过命的交情》，我觉得也许把它改为"好的婚姻是过命的交情"会更加合适。什么叫做过命的交情，就是地震了你被埋在地下，我用手也要把你挖出来的感情；就是洪水来了，我不会一个人跑掉，死也会拉着你一起跑的担当。就算咱们不说得这么轰轰烈烈吧，换点平常的事来说，过命的交情就是你失业落魄的时候我养你，我颓废无助的时候你鼓励我，你生病时我照顾你，我流泪时你安慰我，不离不弃，心中始终相信对方不会丢下自己，紧要关头，你敢把命交在他手里的感情，这才是真正的过命的交情。有爱的人未必能有交情，很多爱过去了就过去了，不是每个爱过的人都一定要结婚。但是有交情的两个人却一定会有爱，交情是比爱更长久深厚的相濡以沫和相依为命。我也不喜欢把婚姻比做亲情，因为即便先天有血缘关系的亲人之间也有冷热亲疏的区分，而交情是真正互相自主的选择。所以，你的朋友说到习惯，不要轻视"习惯"这两个字，它并不比爱情来得更容易，那也是一种日积月累堆积出来的交情。好多情侣最后不能在一起，不是因为爱情，而是因为没有交情。

从感情上讲，婚姻是交情；从道理上论，婚姻是契约精神。这是婚姻的双保险。两样都占的婚姻还未必走得长远，两样都不占的婚姻几乎注定是悲剧，不管当初有多爱。无论结不结婚，一样可以谈或浓或淡的恋爱，这很容易，但一份过命的交情和为这份交情所作出的承诺却不是件容易办到的事，有的人越过交情越深厚，有的人过着过着就把交情过没了。你问我婚姻阶段碰到诱惑怎么办？我想这取决于每个人自己心里的那杆秤。这种事只能靠他们自己掂量清楚哪头轻，哪头沉，这个世界上的任何人，都不能代替别人给出答案。

公主病是一种什么病

亲爱的水木丁:

　　你好。

　　纠结了很久，终于决定写这封信给你。我是个很出色的女孩子，有自己的舞蹈工作室，无论是相貌、身材还是其他，都是同龄人中的佼佼者。从小到大，身边不乏追求者。在二十四岁之前，我的感情一帆风顺。我和初恋初中就认识了，上了大学之后，随着距离拉远了一切。我认识了第二个男友，一晃又是四年。他们都对我非常好，分开的原因有很大一部分是我不能坚持。男朋友不在身边，有追求者很容易心动。但在爱的时候，我也是真心付出过，但最后的分手都是由我提出，给对方造成了不能弥补的伤害。

　　今年过完年，我从外地进修完舞蹈回来，在网上认识了两个男孩子，不算是网友吧，都和我是一个城市的，我简称A和B

好了。A比我大四岁，做生意。B比我大一岁半，有工作，家里条件非常好。在纠结了很久后，我终于下定决心和A在一起。在一起后并没有那么顺利，我和他出去老是感觉不像情侣，不能手拉手，一起走还要拉开距离。在我一再追问下，他告诉我他有个谈了八年的女朋友，但没有感情了，已经决定分开。我当时并没有多想，我无条件地相信他，对他好，他对我也很好，我们像正常情侣一样。但突然有一天，A告诉我说，他已经和那个八年的女朋友结婚了。那时他还和我在一起，甚至结婚的那天下午他都来见了我，我却全然不知。他这么晚才告诉我就是不想让我离开他，他说他可以离婚和我过，但有些事情没有办法。

我很伤心，觉得被骗得好彻底。B也知道了这件事，我以为他会幸灾乐祸，看我笑话。但他还是一如既往地对我好，说让我等等，他和现在的女友没感情，就这样，我做了B隐形的女朋友。直到有一天，他女朋友的一个电话让我彻底从梦中醒了过来。原来他们谈了三年，从没分开过，而且也许明年就会结婚，我却全然不知。

水木丁，也许你会觉得我很傻，我怎么想都想不明白，怎样的爱才叫爱？水木丁，你觉得这会是报应吗？

灰心的小女子

172

灰心的姑娘:

你好。

看了你来信中所讲的事,剧情的确堪比黄金档的狗血电视连续剧,男主角自私自利,撒谎欺骗已是让人忍无可忍,你竟然还一连碰到两个,这真是让人大跌眼镜。按理来说,谁都有少不经事、头脑发热的狂恋青春,碰到人渣,做一点傻事总是难免,但是你的来信却也说明了世界上的事情总是有正反两面。如果你碰到一个这样的人,是他的责任,是你的不走运,但是如果你同样的跟头再摔第二次,那么这里面就一定有你的责任。你问我这是不是报应?我说不是,男女之间谈恋爱,自由选择本来就是每个人的权利,没什么报应不报应,惩罚不惩罚之说,但不是报应,却是因果,所有你今天被欺骗的结果,都有你自己当初种下的因,所以你的确应该好好反省自己一下。

你的来信让我想起曾经在网上遇到过的一个姑娘,她给我讲了她三次遇到骗子被骗钱的经历。我记得最后一次骗局,是在火车站遇到骗子当着她的面捡到钱包,要跟她对分之类的事。这样老掉牙的把戏还真能骗到她的钱,她还要跟我抱怨这个世界太丑恶,骗子太多,自己太善良,太无辜,那么,我也只能坦诚告知她应该检讨一下自己,不要太贪小便宜，她随后非常愤怒地为自己辩解，并将我拉黑。我这样说并不是想说你也是爱贪小便宜的姑娘，但是有时候世界就是这样的，你是什么人，你就会遇到什么样的人。爱贪小便宜的姑娘就会经常受骗。这个世界的一切，别人怎样对待你，其实都是你自己的行为的一个映射。

你说你是一个出色漂亮的女孩，这点我非常相信。因为看到你后面讲的事，就是典型有"公主病"的姑娘会遇到的事。因为从小漂亮出色，也被人疼爱，所以自视甚高，非常骄傲，所以太过相信美貌的魔力，觉得自己就理所应当被宠爱，根本不相信这个世界有男人会不爱自己，会欺骗自己，瞧不起平凡女人的力量，觉得只要自己想得到的男人，就该得到。也正因为如此，才让你一而再、再而三地作出错误的判断。为什么听A男说要和交往了八年的女朋友分手，你就会相信呢？然后B男又说要和女朋友分手，你又会相信呢？你自己归结的原因是很傻很单纯，但是我觉得更深层次的原因，无非是过于自以为是而已，别的女人都是庸脂俗粉，而你是公主，男人们都会拜倒在你的石榴裙下，会为你抛弃那些平民女子，他们怎么舍得伤害你、欺骗你呢？所以，你不是太轻信别人，你只是对自己太自信罢了。有时候，美丽的女人很高傲，但是她们并不难欺骗。你的前两次恋爱都是发生在校园里，对方是单纯善良的少年，而且都很爱你，所以你可能并不知道谈恋爱的时候，男人的人品和真诚是比什么都重要的事。没有缺失过，就不知道缺失是什么后果。所以从这点来说，也算是公主病的因，种下了你被欺骗的果。你说这是不是报应呢？当然不是啦，每个人都有自己的权利去作自己想要的决定，你只是谈个恋爱而已，又不是做了什么大奸大恶的事，哪里就至于受惩罚了？我想这只是生活通过它的方式，让你懂得你从前不懂得的事情而已，有些坏事之所以发生，是为了让你有一个更好的未来。

　　成人的世界是复杂的，没那么坏，也没那么好，但绝不是童话。并不是你觉得自己是个公主，别人就一定会把你捧在手心里，更何况我们现在不是在中世纪的欧洲，在这个生存艰难、充满了世俗的计较的国家里，你遇到的更多的男人既不是王子，也不是大灰狼，他们只是买卖人，算计着自己的一点得失，他们并不会因为你的美貌和出色就一定为你牺牲他们自己。美貌和出色当然是有魔力的，但是美貌和出色的姑娘多的是，公主如果肯钻出自己的象牙塔，不要那么狭隘，少读点童话，多读点历史，就会知道，这个世界上的美貌和出色的姑娘常被居心不良的男人算计，如果不够聪明谨慎或者懂得保护自己的话，命运反倒会很差。

　　至于灰心，我觉得倒大可不必，生活先是赐予你美貌和优秀，然后又让你跌了跟头，只是要教给你从前不懂的事，努力倾听、学习、改正自己的缺点就是了，每个女人都是这么摸爬滚打过来的。在生活面前，人人平等，没有公主和平民女子之分，你也一样。只要你还懂得反省，能够真正地让自己成长起来，你的未来依然是不可限量的。

生命中不能承受之幸福

亲爱的水木丁：

你好。

我老公高大伟岸，是个人见人爱的大帅哥，收入又高，脾气又好，会体贴人。可是我长得不漂亮，属于站在人堆里永远都不是最美的那个。虽然我不止一次地告诉自己别在意别人怎么看，别过分敏感，别心眼如筛。可是他身边时常有女孩表现出对他有仰慕之情，他也很开朗，很喜欢和别人搭话开玩笑。

这次他们公司一起去旅游，他带上家属，我发觉自己好自卑，没有别人的老婆漂亮，也没有他身边的女同事漂亮。一路上，很多女孩子跑过来和他说话，很热情，我只能强颜欢笑，心里不停地告诉自己，我也不差的，虽然我的眼睛长得不够好看，但是我比她们学历高、收入高，有广泛的兴趣爱好，也有拿得出手的作品。可是我还是有畏惧，有恐慌。其实，婚后我们一直关系很好，但是我就是时常做噩梦，梦见他和别人走了，不要我了，醒来心跳得很快，倒吸凉气，恐惧已经充斥了我的整个内心。

我在他面前还没有表现出来我的害怕，只是有时睡觉前会半开玩笑地说："我做梦梦到你不要我了，会吗？"他总是回我："别胡思乱想了，怎么可能？"

只有一次，我彻底发泄了一回，那是我坐月子的时候。他们公司的人提议一起去自驾游，可以带家属，可是我还在坐月子喂奶肯定不能去。但是他说他都和同事们说好要一起去了，不可能再反悔了。我当着他的面大哭起来，说我不同意他撇下我一个人去。他当时也很生气，一夜都没有理我。第二天，我赔礼道歉和他说你去吧，但是他没有去。我现在想来，他当初抛下坐月子的我和孩子，自己要去旅游的决定还是让我挺伤心的。

我想我不能每天都让这样的问题折磨我，我是不是要去看心理医生？我是不是太善于嫉妒？我真的好害怕失去爱的感觉。现在我很幸福，我害怕幸福走掉，我还有了孩子，如果有一天他真的离开我了，我想我真的会想不开的。

Wendy（温迪）

Wendy:

　　你好。

　　看你的来信，让我想起我的一个朋友，我们两个是从小一起长大的发小。由于家里人的缘故，我的这位朋友的童年过得非常不快乐，连我的母亲在街上见到她，回来都要跟我念叨几句，说这个孩子真可怜。但是后来长大了，她的运气就渐渐平顺了起来，特别是最近这十年，所有事基本都是一帆风顺，嫁了个为人踏实又有能力的好男人，自己也进入了北京一家稳定的事业单位工作。按理来说他们夫妻有车有房，生活小康，已经是无忧无虑得让人羡慕了，接下来她就应该跟别人一样，按部就班地步入母亲的行列。但是我这位朋友却迟迟不肯要孩子。后来有一天，我问她是不是因为小时候留下的阴影，所以不相信自己可以得到更多的幸福。她说可能是，从小在充满暴力的家庭里长大，对于亲情并不相信。但是尽管知道原因也无济于事，种在心里的对人生的怀疑，不是那么轻易就可以变成相信的。

　　说起这件事来，我是觉得她和你的状况有那么一点相像。我妈妈总喜欢念叨一句话，说是这个世界上没有吃不了的苦，只有享不了的福。人们总以为幸福就是要不断地得到，得到钱，得到爱情，得到婚姻。可是，其实很多人在真的心想事

179

成，品尝到了拥有的幸福之后，便也开始有了对失去这一切的恐惧，对幸福结束的惶惑也就开始了。所谓灰姑娘嫁给王子，只是故事的大结局，却不是人生的大结局。就像我的朋友那样，虽然已经足够平静幸福，却依然无法克服内心的恐惧，再往前走一步。就像你这样，虽然嫁了一个人人羡慕的老公，却时时担心被抛弃。所以，一个人的幸福到底有多少，不是外物到底拥有多少，而是自己的内心到底能感受到多少。

钱要花掉了才叫钱，否则就只是个数字；美味要吃进肚子才叫美味，否则只是摆设；而幸福要感受得到才叫幸福，否则就成了痛苦。又英俊又可爱的老公会不会出轨，这谁也难以保证。这世界太混乱，就算你老公人品并不差，也还是有可能会有夫妻感情变得琐碎平淡，抵挡不住外面年轻貌美的姑娘生扑的那一天。要是有那么一天来临的话，真是什么都挡不住。可是至少你们现在是在一起的吧，现在他还爱着你的吧。如果你连现在就摆在眼前的幸福都不懂得享受，就跟个守财奴守着家财万贯舍不得花一样，等有一天钱真的不见了，才想起这辈子没幸福过，从来没真正得到过，那才叫悲剧人生呢。再说了，一个现在感受不到幸福的女人，未来就能感受得到幸福吗？一个感受不到幸福的女人，能给别人带来幸福吗？好好珍惜现在，尽量幸福地在一起不好吗？爱情是容易的，但永远这种东西，一定要去奢求，真的就只能说是贪心了。灰姑娘嫁给王子是个好的结果，但按照中国的老理儿来讲，有福气也要有命享受才行，幸福有时候太大了，也会砸得人不知所措，不能承受。其实，命运把这个男人安排给你了，那就是你的，十年也好，十天也好，安之若素地接受就是了。怀抱"你来了我当你不会走，你走了我当你没来过"的心态，日子可能反倒过得更长久一些。

只得到十块钱，却能感受到十块钱幸福的人，比中了一千万，却整天惶恐着被人偷、被人抢，每夜每夜睡不着的人要幸福得多，因为幸福对前者来说，不多不少，刚刚好，正好在他可以承受的范围之内。所以，幸福是一种感知的能力，有了能力，一花一草都可以幸福，没有能力，坐拥金山，三妻四妾，如意郎君伴左右也没有用。当然了，这种能力的得来也不是钱能买到的，也许还是在于个人的修为。坦率地说，看到你说有女同事和你老公说话你就开始暗自比较，我觉得你这样挺没意思的。说到底还是有些狭隘，修为不够，只有守财奴才会看谁都觉得人家想偷自己的钱。也许别人的老公、男朋友在硬件上没有你老公出色，可是未必人家过得就没有你幸福。你觉得你老公样样都好是个宝，可人家还未必稀罕呢！你凭什么就觉得人家日子过得不如你，非要来抢你的男人呢？日子难道不是自己过得好才算好吗？难道你所有的成就感都来自于跟别人攀比吗？过日子也是这样吗？觉得不如别人过得好就患得患失。觉得比别人过得好就觉得谁都要破坏你的婚姻。对生活有这样的认识难道不是太肤浅、太自以为是了吗？说几句话怎么了，这都什么年代了，难道非要搞男女授受不亲那一套吗？我们不是要追求宽容大度，做完美道德的楷模，只为了自己着想。能将这些放下的人才能得到自由和幸福，否则的话，你将永远活在这种无谓的痛苦之中。

至于你坐月子和老公吵架的事，我倒觉得可以理解，哪个没有经验的人跟一个刚出生的婴儿单独留在一起都会抓狂的。不过，男人进入父亲角色可能会比较慢，记恨在心倒也没必要。我看你是不是有点产后抑郁症的倾向呢？那就真的要去看心理医生，求助些药物治疗了。这又另当别论。

一个人是一座岛

女作家的幸福问题

水木丁：

　　你好。

　　我平时看的书多是女作家的，不过不是伍尔芙啊什么的。我几乎从不接触那些名著之类的，我并不致力于做一个有深度的人，我只是想过简单的生活，有简单的快乐和痛苦，足够幸运的话，老的时候，我希望能跟自己爱的人依偎在一起。也许你会觉得这样的想法很幼稚吧，偶尔我也会觉得幼稚，但我还是很向往的，俗世的幸福才会有温暖的触感。

　　我知道的那些女作家，我个人认为她们是很优秀的。但问题是，一个优秀的女作家不见得就会是一个好的妻子。她们往往机智、凌厉，有时甚至是居高临下的。她们会是很好的朋友，她们甚至也可以是最好的红颜知己。但，我很想知道，她们幸福吗？

185

最近在看侯虹斌的《红颜》。她说，小有才华的女人向来压抑，没有什么好命，黛玉、宝钗就是明证；极有才华的女人一旦混出头来了，就根本不能指望她们过良家妇女的生活，"不疯魔，不成活"就是此意。我并不觉得现在的女作家会"不疯魔，不成活"，但真的要她们过传统意义上的良家妇女的生活，恐怕是有点困难的吧。她们自身，恐怕也难以忍受那样的束缚吧。而且，真的会有一个很好的男人来包容她们，很爱很爱她们吗？

我知道我这是过虑了，而且这也不该是我考虑的问题。但是，我是真心希望我喜欢的女作家能够幸福。如果幸福的标准不一样的话，那也就没什么了。

言辞有冒犯之处，还请原谅。

不知名的MM

* * *

不知名的MM:

你好。

我们在讨论这个问题之前，恐怕要先澄清一点，就是我们即将谈论到的"女作家"这个词儿，其实是一个太笼统的概念，我们可以把它简单地只理解为一个职业，在这个职业范围内，弗吉尼亚·伍尔芙、J.K.罗琳、琼瑶、龙应台以及很多女性都同样是女作家，大家各不相同，各有所长。但是既然你写信给我，我想你是特指与我自己很像的一类比较看重文学艺术的女作家吧，所以为了方便起见，就暂且都称为女作家吧。

你在信里提到的一种叫做女作家的人类，我自己在还只是个读者的时候，可能也在某一段时期比较偏爱她们的作品。那时候，我自身有很多身为女人的痛苦和问题，于是总会自觉地去寻找一些女人写的书来看，因为觉得大家困境相同，也许能在别人的故事里找到自己想要的答案。当然，这样的问题现在没有了，所以对女作家也就没有那么特别的关注了。我现在依然非常喜欢伍尔芙，但那是因为她是一个伟大的作家，而不是因为她是一个伟大的女作家。不过我觉得如果一个读者并不喜欢读她的作品，其实也没有什么。在我看来，读书应该是一个快乐的消磨时光的过程，刻意地追求深刻不过是一种做作，我也从来没有致力于去追求深度，只是读伍尔芙的时候真的让人感到一种幸福而已，就像我在上中学的时候，为琼瑶小说而感动流泪。所有的琼瑶小说我都读过。我尊重每一个给过我美好时光的人们。

你说向往世俗的简单幸福，言下之意好像我们这样的人要求得太复杂了。其实，和很多人想的正好相反，在我看来，我身边的一些写作的或者搞艺术的女性朋友，她们都是比"世俗的人"简单得多得多的人。我看到你说到世俗的幸福简单的时候，心里就想，世俗的幸福哪里简单啊，其实根本就是要多复杂有多复杂好不好。要知道，你所谓的世俗的幸福，可不是光靠你的努力就能得来的，要依靠很多外界的力量配合你才行，比如你的老公能不能一辈子爱你，你的公婆能不能接受你，领导赏识不赏识你，同事关系处理得好不好，你的钱够不够花，孩子够不够健康，学习好不好，够不够出色，诸如这些世俗的幸福，这些其实都是世界上最复杂的幸福才是，要靠别人的配合和努力，要牵涉到方方面面的关系，这样的幸福，怎么会简单呢？他人的情感和心意，其实才是最难把握的，把幸福建立在一个男人是否能爱你一辈子上，这其实是很高难度的一件事才对。

很多人以为喜欢文艺的女人就不会给男人做饭。以前也有人问我对爱情怎么看，我记得我当时的回答是：爱情就是冲他撒娇，跟他耍赖，给他洗臭袜子。我很爱做饭，喜欢给朋友、亲人、爱人做饭，因为我喜欢看他们吃得很香的样子。我会定期收拾屋子，因为这会使自己住起来舒服，如果懒，就请钟点工来收拾。小时候谈恋爱，对于将来谁进厨房特别介意，不过现在都觉得无所谓，反正自己的饭也要做，多一双碗筷多一道菜又何妨，自己煲汤也是一大锅汤，别人喝喝又何妨。

所以，你说我算是有才华的女人呢，还是良家妇女呢？其实这本身并不重要，也不矛盾。日子，去过就可以了；爱情，去做就可以了；写作，去写就可以了。不去贴标签，不去想我是什么，你是什么，才能看到生活最本质的样子。我身边有喜欢做饭的女作家，也有不喜欢做饭的良家妇女，有的人天生就不爱进厨房，和写字不写字根本就没有关系，就算是"极有才华的女人一旦混出头来了，就根本不能指望她们过良家妇女的生活"，这也不是问题的关键啊，关键是我们干吗非要指望她们去过良家妇女的生活呢？良家妇女又不是幸福的代名词。又不是好男人只爱良家妇女，又不是爱女作家的就一定不是好男人。男女之间的情感和婚姻有多种多样的模式，需要良家妇女的就去找良家妇女好了，喜欢女作家的就去和女作家结婚。这个世界上的女人有很多种，男人也一样。婚姻只有合适不合适之说，无所谓谁好谁不好，在一段不合适的婚姻里，不可能有好妻子，也同样不可能有好丈夫。

最后，说到像我这样的人能不能感到幸福，我想我是经常感到幸福的，写出一篇好文章是幸福的，为心爱的人做一顿朴素可口的晚餐也是幸福的。而我们的幸福，也都是踏踏实实的生活赐予的幸福，它和你的幸福并无区别。当然，焦虑也有，不过谁的生活里没有呢？在我看来，幸福没有什么不同的标准，它就是内心的安宁和满足。婚姻也好，写作也罢，它们并非幸福本身，它们只是追求幸福的方式而已。所以，希望你也同样用你的方式感受到属于你自己的幸福。

经过此生的意义

水木丁:

　　你好!

　　今天一天都在看你的博客,想问问你,人生的意义是什么呢?毕淑敏老师在演讲时,大声地说出了"人生没有任何意义"。真的,至少我的人生没有任何意义。我没有经历过什么伤痛,父母健在,好友三五。我的人生至今没有什么伤痛。我乐观,每天带着灿烂笑容,读书、听音乐、旅行,一切看上去都很正常,但是每每独处时,便感觉孤零零地被隔音壁包围起来,整个世界是运动还是静止,都与我无关。每天算好时间挤上公车后开始摆弄头发的上班族,一大早拎着沉甸甸的篮子从菜场归来的大妈,不断与城管斗争的卖早点小贩……他们都热闹地生活着,我却找不到活下去的意义。每天重复同样的事情,工作,吃饭,继续工作,继续吃饭,睡觉，结婚，生小孩，继续工作，继续吃饭，为小孩操劳，丈夫外遇或者自己外遇，或者谁也不外遇，小孩独立，为小孩操办婚事，带小孩的小孩，然后死。一切都没有意义，为什么不现在就结束呢？

从小到大，我都铆着劲儿读书，什么都是A，和康永先生一样，并不是爱这样，仅仅是为了争取一些特权。在这样的光环下，其他所有的恶行陋习叛逆，在父母眼里都只是小插曲。但是，大了，越来越多的光环都抵不住灵魂的孤独。我爱书，爱看书，可是越看越清楚地认识到赤裸裸的人性。我有对爱情的渴望，谁没有呢，可是身边的人都是一眼能看穿的，无非是"我们在一起吧，为了我一时的欲望，为了我们结合后双赢局面的利益"。他们被欲望蒙蔽的双眼，我看得一清二楚。我有对人类苦难不可遏止的同情，可是谁能挡住时代前进的步伐？看，罗素都被打败了。

今天看了一天你的博客，等了老板一天，他没有出现。我原本打算辞职。前不久，一个挪威的朋友跟我讲了个真实的笑话，说欧洲一家企业原本打算以侵权将一家公司告上法庭，努力一年多最终失败，因为那家公司不断更换地址，使得律师函无处投递。我似乎也遭遇了同样的境地。

希望这封邮件没有影响你的心情。

语

* * *

语：

你好。

我最近很少问自己关于人生的意义这样的问题了，所以看到你的信，还真让我半天不知道该怎么回答你才好，我从十几岁开始严肃而认真地考虑关于死亡的问题，现在这个问题已经被我考虑得没那么严肃认真了。关于我自己的人生，我一直都觉得它是个蛮荒谬的玩意儿。我很爱我的父母，但是我还是要说，我来到这个世界上的时候，我并没有求我的父母把我生下来啊，也没有人经过我的同意，就把我带到这边来了。可是来了，才知道这里的世界，原来是这么糟糕的世界，但也好像回不去了，就像被人莫名其妙地推上了人生的舞台，塞给你诸如生命的意义这样的问题，却还要你无论如何要苦撑着表演下去。其实，人人都知道可以强行退场，但不伤害任何人，体面地谢幕，这始终有点难。

可是，难道只有所谓"有意义"的人生才可以活下去吗？难道我们非得为意义而活吗？非洲草原上的狮子，它们从来不考虑杀死一头羚羊有什么意义，它们自由自在地在草原上奔跑、嬉戏、晒太阳。我想，只有人类才会一直要生活得有一个什么意义吧，会为生活没有意义而沮丧，才会闹自杀，而动物们不会。我们人类经常认为，这是我们人类作为高等动物的特征。可是有时，人类太迷恋自己是高等动物这种想法了，却往往忘记了，自己也不过是大自然的一个分子而已。

狮子存在的意义，在于它吃了羚羊，羚羊就不会过度繁殖到把所有的草皮都啃光……诸如此类的道理我们都懂，可是，这样的意义，对于狮子来说又有什么关系呢？给自己的人生赋予很多存在的意义，搞得自己很了不起的样子，这种事情，好像只有我们人类才干得出来吧。我看书，有时候想，我看这些书干什么呢？我想把我所有的知识和经验告诉我的后代，但是他们有他们的人生，刀山火海只能他们自己走，没有人能够完全懂得别人的经验。想到这些，我心里就把读书这回事放下了，但我还是继续读书。我写字，有时候想我写这些东西干什么呢？那些给我留言说我写得好的朋友，他们都有他们自己的生活，他们的生活与我无关，我今天写下的每一句话，有一天都会连同我这个人一起消失掉，于是我心里就把写字这件事也放下了，但我还是会继续写字。就像一棵树，不需要为自己的树荫操心和表态一样，我活在这个世界上到底有什么意义，这不是我的事，这是神的事。高山无言，它从不追问它存在的意义，它只是存在而已。大海无言，它从不追问它存在的意义，它只是存在而已。我经过此生看风景，你突然拉住我问我此生的意义。我想说的是，其实，我是出来打酱油的，我只是四处逛逛，东张西望一下而已，我不久就会回去了。

活到死的那一天，写到写不出的那一天，爱到不能爱的那一天，仅此而已吧。痛苦不会教会人什么是生的意义，痛苦只教会人，什么是不用问的问题，仅此而已。

佛祖之所以牛

水木丁：

　　人在困顿时，总是习惯向外寻求，尽管我们都知道——其实抚平一切的除却时间，真的别无他法。但因为等不及，所以我们自己就捧着明白乱了方寸。向外寻求，无外乎想得一种"心安"，如果还有"答案"，那似乎就更好赚了。

　　于此，我很想知道：当无法权衡时，要怎样去选择？当作出选择后，要怎样说无悔？在进退维谷间，又该怎样坚定自己？

　　安

小Z

小z：

你笼统地问我，我也只能笼统地回答你。

当无法权衡时，要怎样去选择？

放下贪字，听从心。这三个字很简单，做到很难，需要修炼和学习，也需要磨难和悟性，诚实和勇气。

当作出选择之后，要怎样说无悔？

听从自己内心的选择，是从来不需要说无悔的。其实，选择无所谓对错，只有是否心甘情愿而已。

在进退维谷之间，要怎样坚持自己？

"坚持"这个词，它的另外一层意思是"拒绝"。人生，该变的时候，就要让它变。你真正想要的东西，是不需要坚持的，就像同时爱上两个女人，其实就是两个都不爱。如果是那样，其实选哪个都是一回事，更没必要纠结了。

所以，这三个问题，其实是一个问题。你想通了第一个问题，其他的就都迎刃而解，很多人会纠结：这是不是太任性，或者说自己也有很多不得已的理由。废话，要是人人都能轻易做到，佛祖怎么还能那么牛？

女权主义可以是靶子，
但不能当饭吃

亲爱的水木丁姐姐：

你好！

读书的女人很多，聪明的女人很多，饱读书且聪明的女人也常见，但女人的问题，普遍存在的劣根性仍像顽疾一样困扰生活。我是不肯相信男权社会赋予男人的好处是理所当然的，但我没法用语言、用辩论的方式去改变别人对此的看法，大家只会对我说："你还小，总有一天你会明白。"或者直接把我定位为一个不懂人情世态、思想单纯幼稚的小女孩，不予辩驳，再给我贴个"女权主义者"的标签。可根本不是这么回事啊！

我明白有种沟壑，如果我想和男朋友友好相处，我必须得学会示弱装憨，但我更明白，想要掌握自己的命运，掌握在生活中各个方面的主动权，就必须摒除所有不切实际的幻想——不能依赖任何人，不能妄想把自己的未来交付于任何人手上。这才有可能赢得一个男人的"尊重"，而不仅是受男性欢迎。

你看，即便如此，我的思维循环还是往返于男人观看的立场。我认同母亲早年间告诉我的至理名言：女人要想获得幸福，只有一条路，就是拥有一个幸福的家庭。而且，我知道如何实现一个女人最简单的幸福。在大家的眼里，我是非常幸运的。但我不服气。

非常不服气啊，因为我明白我之所以能得到这些，并不是因为我看起来天真、性格开朗或者有工作能力，以及任何一个成年人教导女孩获取幸福的优良品质之一，而是我恰巧把握住了男朋友的心理逻辑，我洞悉他的性格，而他的漏洞恰巧是我身上一些特质所能弥补的，于是，我们才能相处融洽。但，这只是我遏制潜意识中对抗心理的发展，通过一个人对另一个人细微的观察所取得的胜利。

吕绵羊

绵羊姑娘:

看了你的信，觉得你是个很有头脑的姑娘，所以虽然你的信中涉及很多方面，但我相信这些事情将来你都会一一解决。所以我也就不再多啰唆。我比较感兴趣的是你在信中提到"女权主义"这个话题。你提到的很多困惑，都是我以前有过，但是现在基本上想通了的，所以我愿意把我自己得出的结论提供给你，供你参考一下。

首先，对于"女权主义"这个词，我是有自己的定义的。现在已经很少有人说我是女权主义了，但在几年前，我还经常会被人贴上这样的标签。当然了，这样说的都是男人。但每次有男人这样说的时候，我都会告诉他，我不是女权主义，我是人权主义。因为在我看来，如果一个弱势群体要求享有自己作为这个国家的公民所应享有的权利的时候，无论他是男女，他要求的都是基本的人权，而不是一种特权，而相对于男权而言的女权，其确切的定义，应该是建立在性别基础上的女性拥有的特权。打个比方说，如果一个农村家庭里有一个男孩和一个女孩，这时候只能有一个孩子上学，如果这个女孩因为自己的学习成绩好，努力争取自己上学的权利，这是一个孩子应该享受的义务教育的基本权利，这是人权。如果这个女孩，因为自己是女孩，就认为自己就理所应当比家里的男孩有更多受教育的权利，这才是女权。事实上，绝大多数的女人争取的，都是一种人权，而不是特权，这倒不是因为女人这个群体从整体上天生就有多善良，只是因为还没发展到那一步而已。不受老公虐待，同工同酬，有平等的通过考试上学的权利，有同样公平竞争得到工作的机会，而不是仅仅因为自己是女人就受到不公正的待遇，这些都是基本人权，而不是特权。但是，这个概念一直被混淆至今，至于为什么，我后面会提到。

我这样定义女权主义，当然是属于我自己的定义，没有得到任何学术专著的认可，不是约定俗成的，可能要受到质疑，但对于我来说，这些都无所谓。其实，我觉得生活是一个实实在在的事，有些事情，它之所以有意义，是因为它能帮助你想通一些事，至于学术上认可与否，其实对我们这些人来说，关系不大。比如说女权这个定义，我在多年前想通后，很多问题就迎刃而解了。从前，我在抱怨什么事情不公平的时候，我觉得我只是希望能够男女平等，并没有过分的要求啊，所以有时候碰到男人有异常激烈和怀有敌意的反应时，我就会感觉很委屈。相信这种感觉很多女性都有过。但是我现在就没有这样的委屈了，因为我想通了，在一群人比另外一群人享有特权的社会里，要求平等，这本身就是一种冒犯。不管你怎样地小心翼翼，怎样不触及对方敏感的神经，哪怕你只是要求人权，不是要求女权，也依然是一种冒犯。这就好像是一个大房间里就只有两个人，一个人占据了绝大多数的空间，另外一个人退缩在墙角，那么，只要墙角的那个人有一天站出来，要求我们应该平分这个屋子的话，原来占据很大空间的人就不可能不觉得被冒犯。想通了这件事后，我就不再纠结男人的态度问题了，也不再会为自己有时候因此伤害了某个男人，受到了批评而感到不安，从而去怀疑自己是不是一个好女人了。因为如果一个男人，一旦觉得自己只要靠性别优势，就理所应当地得到某个工作，但是他被你打败了，那么无论你怎么做，怎么去试图让他理解，他也都会觉得你确实抢夺了他唾手可得的生存资源，除非你温柔地把工作拱手相让，否则和解和理解就是一种不可能达到的事。所以，就当这是你抢夺了社会资源的代价好了。不能两全的事情，就不要梦想去把它两全，既不用感到委屈，也不用感到内疚。好好做好自己的工作，过自己的生活，仅此而已。

现在要说说为什么很多男人喜欢动不动就说这个女权，那个女权了。我从前提到过《性政治》这本书，在那些曾让我茅塞顿开的观点中，也包括这一个。如果你知道一点女人争取权利的历史，就会知道女人为了得到投票的权利、工作的权利曾经付出过的艰辛和努力，也包括一些过激的行为，比如裸体把自己绑在铁门上绝食之类。这样的姿态当然不怎么好看，但最后却常常被用来描述和定义所有的所谓"女权主义"，这种故意和恶意的丑化和以偏赅全，把所有对正常人权的要求都指责为对特权的"野心"，把"女权主义"这个标签变成了一个靶子，可以使攻击的人很轻易地联想起前面所述的那种负面形象。它可以让和自己观点对立的女性立刻陷入内疚、自责、不得不为自己辩白的境遇里，这种打击方便快捷并有效。也正因为如此，我对只说两句话就开始往我身上贴"女权主义"标签的男人非常反感，因为他不是想沟通，而是在无聊地玩性政治把戏。通常碰到这样的人，直接拉黑就得了。因为你跟他沟通也不能得到任何知识、精神上的益处，理他干什么。

实际上，这些特别敏感的男人，往往是那些并不得志，在房间里没有抢到大地方，却又有侵略性的男人。地位、学识、经济条件比较高的男性，其实反倒会不那么计较这些，因为他们占据着楼上的一层楼，不会有那么强的生存威胁意识，而对于一部分资源占有欲不那么强的男人，他们也不会这么敏感，因为他们所需要的生存空间并不是无限大的，所以不会感到受胁迫。事实上，越是社会底层的男性，有时候越会强调自己的性别优势，对于很多这个阶层的男人来说，自己的老婆是自己唯一的奴隶，因为在他们的下面，再没有什么人了。性别优越感，可以缓冲他们在阶级地位上受到的打击。相反，阶级地位比较高的男性，或者精神层次比较高的人，有时候反倒会表现出宽容、绅士一点的态度来，因为性别优越感在他们看来是不值一提的小事，他们不用依赖贬损女性获得自尊心。所以，当一个男人特别强调他的性别优越感的时候，我觉得真的没必要和他去讨论，去试图纠正他什么。他并不是想沟通，他只是到你这儿找感觉来了，那就随他去吧。人人都有寻找自我心理安慰的需要，只是我会离这种人远点儿，你怎样随便你，别拿我当工具，我有我自己的事要做。

　　我现在已经很少去和人谈这些主义、概念上的事了，因为生活是生活本身，空谈任何主义都是没有意义的，不能当饭吃。是不是懂得了这些，一个女人就不能好好过日子了？当然不是，我觉得是它让我们把日子过得更好了。比如从前我可能很在意一些东西，处处要求平等，事事要和男人争个高下。比如，为什么要我进厨房做饭？为什么就该我给你洗衣服……现在这些真的无所谓。我曾经说过，喜欢一个人，就是跟他撒娇，给他洗臭袜子。因为你自己想清楚了，你是在爱这个人，你被驯服，是因为这个男人，是这个世界上独一无二可以驯服你的人，而不是因为女人就比男人低下，换个男人就让他一边儿去。这样想来，爱就可以变得更纯粹。为他做这些事，是一种快乐。妻子下班回家，如果看到丈夫还没做饭，虽然很累，还是想做饭给他吃，这是爱。可是如果丈夫说，因为你是女人，所以你不管多晚都必须做饭给我吃，这就是性政治了。那么，本来愿意为你做饭的妻子，反倒会委屈、逆反。为什么？那是因为我本来是因为爱你，你却把我当老妈子使唤。爱会唤起爱，谈政治只会伤感情，因为哪里有政治，哪里就难免有革命。人们会感激爱你的人，可是谁会感激一个老妈子做了她应该做的事？我觉得有些男人在不自觉中运用性政治的手段太多了，一遍遍地强调自己的性别优越感，在一个男孩的成长过程中，他往往是被灌输了一堆性政治的观念和手段，却没人教给他爱。他们有时候就这样一点点把女人的爱杀死了。当然，女人也一样会玩政治手段。当女人不那么爱的时候，她们个个都可以是政治高手，这也是现在很多文章、刊物给女性支着儿的主题，全都是关于性政治，不是关于爱。两个据说是谈恋爱的人，心里都是各种算计、表演、利益的权衡，更像是两个政客在过招。

我们的话题只能就此打住了，否则越聊越深，根本就没法结束。人家一本书一本书地写，我就这么几句，也只能是浮皮潦草地说个大概，有些东西需要你自己去学习，但是我基本上认为，只有面对它、正视它、思考它，才能最后真正放下它。而至于你男朋友的问题，作为一个转述者的旁观者，我只想说一句话，孽缘也是缘。

说了这么多道理，但我最想说的是，道理是说的，日子是过的，有些事情想清楚了，就再也不想和人争论了。我们想这些事情，是为了更好地过日子，是为了让我们自己变得更豁达、更自在的，而不是拿它来吵架，和人较劲的。所以，好好学习、工作，好好恋爱、做爱，至于很多事情的是非对错，也不是绝对的。能否把日子过好，是唯一衡量一个道理行得通与否的标准。

你的梦想，你卖了几个钱

水木丁：

你好。

这一年的时间里，我总是不开心，原计划好用来学习的日子全部被我浪费掉了，或许我也是有意的，我在故意逃避学习，逃避压力，逃避我规划好的生活……我试着让自己投入、喜欢、爱上我要学习的东西，我甚至欺骗我自己，还到处宣扬我喜欢它，结果证明我就是自欺欺人、画地为牢，做不到却还硬逼着自己去做去喜欢，我真是变态了。我用了二十年的时间禁锢我自己，我想这就是我所有郁闷与难过的根源吧，各种压力和期望让我学会了强迫自己，除此之外我还能怎么样。我要做一个孝子，做一个优秀的对社会有用的人，自由轻松的笑容我已经好久没有体会了，这就是我的悲哀，也将是我的向往。我不知道该怎么办，很郁闷。

或许有人会说，一个已经二十岁的人了，还不能适应社会，真是可笑。可这不是适应不适应的问题，是开心与否尽情与否的问题，我可以行尸走肉地活着，可我真的不开心啊，谁能帮帮我，告诉我一个明智一些的做法？

现实情况是，我2008年大学毕业，心理学专业，专长心理咨询，原志愿是考研，毕业后专职心理咨询，这个志愿可以说是二十年来我那当高中校长的父亲教育的结晶。结果第一年没考上，打算今年再考一次。但其实，我的兴趣是家居设计。我该怎么走？

521

＊　＊　＊

521:

你好!

国庆节的时候，我去外地的一个朋友家做客，正好朋友的一个想学表演的小妹妹来向朋友咨询关于报考北京相关院校的事，一群大人在那里七嘴八舌地给小姑娘出主意，认为她的这条路应该这么走那么走，每个人都有一番道理，小姑娘自己在一旁洗耳恭听。可是我听着听着，觉得很奇怪，就问了一句："为什么大家不问问这个姑娘自己想学什么呢？"所有人都莫名惊诧起来，有的人甚至很气愤，好像我说了一句什么荒唐的话，一个人怎么能按照自己的喜好去选择呢？这样地"不适应社会，审时度势"，将来怎么能混得出来呢？

可是，我的下一个问题就是，难道如今所有看似审时度势的计划和所谓正确的选择，就能够保证将来一定能够找到工作吗？能够保证将来一辈子的职场道路都是高枕无忧的吗？我的一个姐姐，当年考大学的时候成绩是最好，去了某重点大学的中文系，他们班最差的学生去了某财经大学的国贸系。四年后，国贸系的学生，也就是当年学习成绩最不好的学生毕业，进了政府做官员，几年后，个个都是大权在握。重点大学中文系毕业的去某局做了宣传干事。于是，我们考大学的时候，大家就争先恐后地去考国贸系，结果又四年过去了，中国开放了对外贸易政策，原来进出口都需要外汇审批，等我们毕业的时候，就有很多都不需要了，于是政府没有那么多名额了。而到了现在，大家都去做房地产了。

所以，你看，很多人都认为自己能够审时度势，安排和决定自己甚至自己亲人的命运。但实际上，他们并没有这个能力。世界变化得很快，相对于一个国家的大环境来说，我们个人能预见并决定的东西，有时候是非常少的。那些爱替别人作决定的成年人，有时候他们甚至不能为他们所决定的其他人的命运负责，虽然他们很有责任感。所以，永远记住一点，能为自己的人生负责的，只有你自己。一个人的职场之路无所建树，这并不是最糟糕的事。更糟糕的是以不快乐的人生为代价，换来的是没出息的结局。

人，是应该面对现实的，这观点本身并没有错。但是问题在于，你对你所认为的"现实"两个字，到底有多大把握？在这个世界上，自然有很多人因为过于理想主义，导致最后脱离现实，一事无成。但是，也有人，为了混碗饭吃，就随随便便地丢弃了自己的梦想，到最后，不也没有大富大贵吗？不也没有出人头地吗？他们也不过是个普通的公司职员、会计，庸庸碌碌地过一辈子，他们并没有因为自己放弃了理想而得到生活的什么奖赏，不是吗？

你的爱好，只不过是家居设计而已，又不是要去当德州电锯杀人狂。你又不是要去反党反人民，就是普普通通的一件正经事而已，我看不出到底有什么理由要搞得这么纠结，一定不能去做的。如果你说为了几千万的事业放弃梦想，我还觉得可以理解，好歹你是把自己的梦想卖了个好价钱。但是我真的看不明白，为什么就会有人认为心理学就一定会比家居设计有出息呢？就算要放弃梦想，这梦想放弃的代价，难道不是太过草率和廉价了吗？你确信，你放弃了梦想，你的人生就会彻底好起来吗？

放弃梦想并不可怕，可怕的是，你放弃了，还什么都没得到。而有一天，你会发现你为之放弃的理由是多么不值得。

那些杜拉拉不能教你的事

亲爱的水姐姐：

你好！

从小我就是父母的乖乖女，老师眼中的好学生。大学毕业后，我在一家公司工作，公司人不多，业务也不忙，老总人很好，很能干，很能赚钱，所以我们大多数时候都很清闲。这的确是一份舒适的工作，虽然工资不高，但也够用，还有很好的福利，更有诱人的大把大把的时间可以做自己想做的事儿，惰性上来的时候，真觉得自己幸福得不行。

几个月前，公司在外地成立了新的分公司，我和一个同事被老总调来帮忙。新公司起步的时候，都是一些很杂的事情要处理。以前在北京，老总出去应酬就经常带我和另一个同事去，并且对他的朋友说这是他招的最满意的两个员工。来到外地，这种酒桌上的应酬更加频繁了，我喝多的频率也比以前多出了好几倍，记得有一次喝多，酒桌上最后就剩下我和老总，我们说了很多奇奇怪怪的话，第二天回忆起来，总有一句在我脑中萦绕，"我们的关系很特殊……"他为什么会这么说？老总单身，心态很年轻。但那天之后，老总并没有什么特别的表现，还和以前一样，但我却觉得我们的关系蒙上了一层暧昧的色彩。

几天前，这边的业务处理完，老总回到了北京。老总走后第二天，我们合作方公司的一个副总执意要请我和同事吃饭，推托不了，我们就去了。那个副总一瓶接着一瓶要酒，说知道我能喝几杯，开始觉得没什么，后来就喝吐了。回去的路上，同事突然说有事要去办公室，把宿舍钥匙给了那个副总，他送我回屋。当时的我神志已经模糊了，而且因为吐得很厉害，身上一点劲儿都没有，回到屋里，他就扶我上床，帮我脱衣服，说着很多不堪入耳的话，之后就发生了我怎么也想不到的事儿。同事回来了一次，在客厅待了一会儿，又把门锁上出去了。哭着哭着，我有点清醒了，推开他，他穿好衣服走了，我还是动不了，只是一直哭。我觉得这完全是一个噩梦，只希望这不是事实。人面兽心的恶魔，同事的冷漠，我的内心都绝望了。

其实，直到现在，我还是不能接受这些发生在我身上的事情，我也不明白为什么会发生这些，我更不知道该如何处理这些。这次，我不仅伤了身体，也伤了心。我是不是要变坏了呢？我是不是也该像他们一样，忘了这些，装作若无其事，变得麻木？我到底该怎么办呢？帮帮我吧……

无望的生活

* * *

无望的生活妹妹：

你好。

我参加工作好多年了，看到你的故事，我可以负责任地告诉你，这种事，并不是你一个女孩子的个人遭遇问题，而是在职场中司空见惯的事。刚毕业或者涉世未深的女学生，参加工作以后，只要是长得头脸齐整点的，就免不了要被叫去陪酒吃饭，陪K歌，有个外事活动端茶送水什么的。其间被客户啊、领导啊搂搂抱抱、摸摸手、灌点酒还算是好的，再恶劣点儿的，恐怕就是你这样的遭遇了。这些事屡见不鲜，拿年轻姑娘当礼物，这是厚黑学的老套路了，到现在也没变，那些领导们、老总们还是一样会搞这一套，就是明摆着欺负年轻的女孩。她们青春美好，干净纯洁，拿她们去巴结客户、巴结领导，然后他们自己升官的升官，发财的发财。可怜的是，好多姑娘还不明就里，还以为这就是奋斗，这就是工作和敬业。她们刚刚参加工作，一是工作来之不易，二是实在搞不清楚办公室的老男人们开玩笑和性骚扰之间的界限在哪里，再一个就是被男性领导高高在上的样子给搞蒙了，还以为这就是正常的工作，还觉得领导对我不知道有多好。用一句话说，就是把你卖了，你还在帮人家数钱。

老板永远是老板，老板的心里，永远是希望用最少的钱，换取员工最多的价值。这是老板衡量一个最满意的员工的唯一标准。而在职场上，一个员工的价值，往往不是小说里描绘的那样，你能干、工作态度好就一切OK。有时候也会是这个人的亲戚是个什么样的背景，或者这个女孩子年轻貌美之类。所以，一份在私人企业工作的待遇，如果好到连你自己都觉得有些受宠若惊，那有时候就真的要好好想想了，也许是因为你的价值远远超出了他们付给你的工资，不会是因为别的。在职场上，除非你是吃皇粮的，或者你有什么特殊的背景，否则的话，没有一个老板会把一个没什么资历的年轻女孩升为部门经理，给出那么好的薪资条件还让她舒舒服服地闲着的。要么是他自己想泡你，要么是他想利用你。他是商人，商人的第一行动准则是赚钱。从你的来信里可以看出你的老板带着你们出去陪酒也不是一次两次了，这就是你们的价值。你的老板可能心里的算盘早就打好了。只不过，你对你将要付出的代价，未必总是知道得那么清楚，人家也不会跟你明说罢了。你的老板和你发发暧昧短信，这对他这个年龄的男人来说，或许是上司和下属联络感情，用了男男女女搞搞暧昧的手段罢了，这太小意思了。你好好想想，他要是真的哪怕是有那么一点点真诚地喜欢你的话，怎么会让你去陪酒？他怎么不让他自己的老婆去陪客户喝酒，怎么不让他自家的妹子去让人搂、让人摸呢？听了你的叙述，我不得不多问你一句，你确定这整件事不是你老板和你同事预先安排好的或者是顺水推舟的吗？你的同事没有出面保护你，还把钥匙交给人家，这是为什么？我想他们至少是心知肚明的。

职场并不是一个仅仅靠看几本励志书就能获得成功的地方，对于一个年轻的女孩子来说，这里危机四伏。在大学里，从不会为刚刚踏上社会的女孩儿在职场应该如何保护自己而专门开一堂课，所以很多经验，都只是靠我们每个人自己摸索出来的。正因为长期以来，大家都对这些闭口不谈，所以这样的事总是屡屡发生。其实每个人都有保护自己的意识，谁也不是傻瓜，但问题是，有时候那些更老到更熟练的成年人，他们会狡猾地混淆工作和私人之间的界限，他们在利用年轻人的进取心、善良和轻信。一个做外联的姑娘，陪客户要陪到什么程度？喝酒要醉到什么程度，才算是敬业，算是有能力？这往往是一个很模糊的界限。一个客户的动作是属于正常沟通、酒醉失态，还是揣着明白装糊涂地已经越界？刚刚出来工作的年轻人往往分不清楚这些，怕别人说自己是没能力或者不敬业，就会咬牙死撑。依我看，这个问题很简单，如果只是多干了点体力活，多挨点骂，受点气，这都是小事儿，职场新人，苦点累点吃点亏其实都没关系，但如果是挑战这种底线的话，那就听从自己的心声，坚守自己的底线，受不了就要态度坚决地拒绝。如果领导因此而责怪你，并且说这种工作就是这样的话，别信他的鬼话，你没有做错什么，顶多只能说明你的个性根本不适合这种工作，那是性格使然，不是你不努力，更不是你的错，就让他另请高明，你另谋高就。这个世界上没有常在河边走，还能不湿鞋的事。你不想湿鞋，就别老在河边儿溜达。

当然了，工作的去留还是要你自己选择，你问我你是不是变坏了，这我不好评价，这个世界上有很多种女孩，她们会成长为各种各样的女人，每个人的路是自己的自由选择，别人多说无益。但是有一条原则我想是没有错的，就是任何的决定，都应该是你自己作为一个成年人，完全在知道自己要干什么、要付出什么的情况下作出的，而不是随波逐流的被动的状况下，甚至是被人设计、被人糊弄的情况下作的决定，那才有可能是一个正确的决定。你的工作，以目前你告诉我的状况，我能作出的判断只是，这差不多应该是一个开始，有了第一次，后面的事情就很难讲了。要知道很多底线就是这么一点点被冲破的。而这份薪水到底值不值得你付出这么大的代价，你的家境是不是差到没办法转换工作，我也并不了解，这就只能由你自己去考虑和决定了。

最后，我想说的是，无论如何，发生过的一切，都不是你的错。过去的已经过去不可逆，而且也没什么大不了的，吃一堑长一智，好好把握未来，别忘了自己是谁，做自己想做的人，才是更重要的事。

有时，家人真可怕

水木丁：

你好。

我出生在湖北的一个小县城，家里有三个孩子，我姐姐是老大，结婚生子，在我们县城买了房子，生活虽然不是特别富裕，但也衣食无忧。我在武汉上的大学，大学毕业后就在这边找了一个工作，生活还算稳定。这都没什么值得说的，我要说的主要是我哥哥的事情。

我哥哥从小学习成绩就不是很好，没读完初中就回家了。玩了一段时间后，就到广州、东莞那些地方去打工。他身体比较弱，不适合那种长期加班到很晚的工作，所以一般做两个月受不了就换，两年多来，虽然工作换来换去，但没挣到钱，也没找到更好的工作，仅能养活自己。

后来有一次回家，人瘦了很多，并且吃不下去饭，到医院一查，肝炎。之后就在家治病调养，这大概有一年的时间。第二年，我姐夫开了一家店，正好需要人，他就去店里帮忙。年轻人各有各的脾气，时间长了难免出现矛盾。他在店里做了一年半后就没做了。那时，电摩托的生意很好，我们家就给他买了一辆。开始时生意还可以，可是好景不长。大家纷纷都做起电摩托的生意，一时间竞争就变得很激烈。我哥哥是个不善言辞的人，不会主动拉客，生意就越来越不好，所以这一年就在半玩半混中度过。过完年后哥哥又出去打工。

这次他进了一个厂，还没做一个月就做不下去了，可是他走时带去的钱已经花完了。

借钱生涯从此开始，这些我们直到过年时有几个人上门来要钱才知道。过了年之后，他又说要出去打工，给了路费出去先花完，然后找别人借钱，花完了又回来。回来也不做事，一教训他，他又闹着出去，出去借钱玩到没钱又回来。就这样反反复复一年出去了几次。后来，我们对所有亲朋好友都嘱咐过了，他再也借不到钱，就留在家里，成天和几个没有事情做的人在外面混着玩，并且脾气越来越坏，喝醉之后就闹事，打父母。2008年年底，我们一大家人在一起聊天时说到这个事，我爸当着那么多人的面竟然大哭。那一年，他五十三岁。

从前年开始，每次闹得厉害了，我就气说把他撵出去。我妈总舍不得，虽然我爸每次也说很狠的话，但我知道其实他们一直都没有放弃。要不就不会重新建个两层楼供他以后结婚用。

他为什么会变成今天这样？究竟是哪里出了错？我又该怎么办？

困在水中的鱼

* * *

困在水中的鱼：

你好。

这封信的题目是蔡康永的一句话，我拿来借用一下。在我们中国，家庭啊、亲情啊这些，总是被描述得非常苦情，又非常伟大，但是在现实生活中，谁不会私下里嘀咕一句这样的话呢，这其中的千百种滋味，无数生活的琐碎烦恼和无奈，我们彼此都懂得。不过有一点可以肯定的是，你的家人，并不是最好的家人，但也肯定不是最坏的家人。

我认真地看完了你给我讲的你哥哥的故事，在我说一些话之前，我也想给你讲讲我所经历过的两件事。一件是我前一阵子和一个朋友聊天，她跟我提起她老公和她婆婆的关系，她说她从来没有看到过一对母子的关系会相处得那么差，她老公总是在抱怨自己的母亲当初在自己的人生道路上作错的决定，以至于他今天不能成为更有出息的人。我就问我的朋友，是不是她老公的妈妈也特别爱抱怨。我的朋友说，是的，她婆婆总是习惯把错误推到别人身上。于是我说，这就对了，你的老公不愧为你婆婆的儿子，这就是另一种"遗传"，有时候我们总觉得我们会成为和我们的父母不一样的人，可是有一天，你会发现我们很像他们，连那些缺点都像。所以，你老公必须要原谅他妈妈，不是为了什么高尚的道德、伟大的亲情，而是因为如果他学不会原谅，那么总有一天你们的儿子也会用同样的方式抱怨你们。你们难道就能保证作为父母，你们未来为孩子所作的一切决定都是对的吗？

　　我要给你讲的另一件事，是我还在学校当老师的时候，曾经遇到这样的一个女孩，她非常聪明，是那种从来不用认真学习就能成绩很好的姑娘。但是作为班长，很多老师却非常讨厌她，因为有时候她甚至会带领同学和老师对抗，于是有些老师告诉我说这个姑娘心眼儿特别坏。我第一次和她打交道，是她公然在我课堂上说话，领着大家捣乱。后来，我让她到我的办公室，她带着对抗的情绪站在我面前，在僵持的一段时间里，她一直表现得满不在乎的样子。我则一直在想她到底是怎么回事。我想起她父母离异，把她一个人扔在奶奶家。于是，我就问她，你是想让同学知道你不怕我，你很勇敢是吗？她愣了一下，于是我又说，可是我觉得这种虚荣心很无聊呀。然后，她突然就哭了，这是我们第一次能够坐下来推心置腹地说说话。后来我知道，这只是一个想得到同学的尊重和认可，但是又不知道怎样去做的女孩而已。事实证明，她并不是其他老师眼中的坏孩子，可是连她自己都不知道这一点。

之所以给你讲这两件事，是想跟你说，有时候我们总觉得亲人是我们不得不保持亲密关系的另外一个人，但其实，他们就是我们自己。有时候，我们之所以和他们水火不容，不是因为我们太不同，而是因为我们太像了。特别是处理家庭矛盾的时候，你觉得责任都在他，他也可能觉得责任都在你们。然后，你们就简单地抛弃他。直到有一天，你会发现你教出来的孩子也在埋怨你。而你甚至都不知道是什么时候教给他这些的。因为你在当年，就用抛弃逃避了这个问题。所谓轮回，就是这么产生的。而另外一件事，我则是想告诉你，有时候人并不是像我们表面看到的那样，哪怕是十几岁的孩子，也需要你用心去了解，才知道他们到底想要什么。有时候，人们并不是故意对抗、隐瞒，他们也很想沟通，但是他们自己也不知道，或者不善于表达。

你的哥哥在我看来，他并非不善良，他或许也想得到家人的尊重，内心也有怨气，也许他也害怕你们抛弃他，但是他是一个不善言辞的男人，又没念过什么书，或者说，他自己也不知道自己内心真正的想法。你们作为家人，有时候会干脆给他买一辆摩托车，也懒得去琢磨一下他，揣测一下他是怎么回事。你知道为什么"有时候家人真可怕"吗？因为家人就是那种会不假思索就自认为了解你、看透你的人，自以为是地批判你，评价你，对你太想当然的人。有时候，我们觉得我们的家人好可怕的时候，却忘记了我们也在用同样可怕的方式对待他们。因为大家都觉得反正好歹都要这辈子绑在一起了，于是对彼此了解的这份耐心，还不及对一个朋友、同事。有时候，我们努力地去判断，却忘记了去了解；有时候我们努力地去劝说他们，却忘记了倾听；有时候我们努力地付出，却忘记了问他们到底想要什么；有时候我们急于纠正他们走的弯路，却忘记了他们也需要我们的夸奖和鼓励。

看你的信，我觉得你并不真正了解你哥哥，也许他也并不了解他自己。无论如何，每个孩子成为今天自己的这个样子，他们的家庭都起到了最根本和最初的作用。你让你的父母抛弃你哥哥，那么他的人生就完了。这让我们想起我当老师的时候看到的一些可怜的孩子，家长不太懂教育，也不知道去学习，虽然给了孩子很多爱，但还是把孩子养糟了，然后他们就放弃了这些孩子。每每看到这种事发生，我心里就觉得很难过。你身为姊妹，这样的感受可能少一些，但我想你五十三岁的老父亲之所以会大哭，其中的复杂情绪，不是你能体会的，他未必只是可怜自己。即使他们真的放弃了你哥哥，他们的晚年，也必是痛苦的可怜的，到死都不会解脱。你是这个家里最有知识、悟性最好、表达能力最好的人，你甚至知道写信给我求助，所以我想，也许你能做的事，不仅仅是放弃。

　　有时家人真可怕，明明不是自己自由选择的，即使不喜欢，却不能放弃。可话说回来，有时候，不也正是因为不能随便地一走了之，才会逼着我们学习很多东西的吗？因为不能走开，所以就一个办法不行再想另外一个办法，学会坚持坚持再坚持，学会了解我们不能放弃的人，学会好的方法、好的沟通，这些都是我们在困难中摸索出来的，然后传承给下一代的。所以，不要把这些付出当做是单方面的牺牲，生活总是用它自己的方式拿走一些，又给我们一些。有一天你也会为人父母，这些方式和方法，都会用得上的。就像我自己，我在前一段时间，找到了一个新的方法和家人相处。我的一个朋友，和她的母亲对抗了很多年，在三十岁的某一天，突然开窍，终于知道怎么和母亲相处了。所以，我们并不知道生活的前路上到底有什么，也许是艰难险阻，但也许有柳暗花明，可是如果放弃了，那就只有遗憾了。至于你的哥哥，我觉得你可以试着重新去了解他，从零开始，像一个陌生人一样。再不行，也可以请求外界专家的帮助，但不要轻易说"我什么努力都做过了，我可以放弃了"，其实，你还没有。

小女人，大时代

水木丁：

　　你好！

　　我今年二十五岁，日语专业毕业两三年，在上海工作，拿不到三千的工资。每天倒是很清闲地朝九晚五，心里却慌得无着无落。同居了两年的男友感情倒是还有，孩子也打过，结婚却遥遥无期。之前因为他精神出轨分手了，后来他去我老家找我，我们又联系上了，不过心里却累得无力再继续。

　　生活不知道从哪里开始错位，然后就一直错下去。可能是从我到山东念大学开始，可能是从我毕业后没有立刻回到我朝思暮想的故乡而又邂逅了目前的男友开始，可能是从他第一次对我迤掩隐瞒而我又原谅他开始，可能是从爸爸反对我们交往我却坚持跟他到了上海开始，也有可能我本身就是许许多多错误的产物。

　　我不知道，自己目前的这个状态到底该怎么办。不管是工作，还是感情，甚至包括和家庭的关系，都走到了死角，问题堆积在一起，却没有解开的迹象。我是一个没有什么野心的人，但目前这个样子，别说赡养父母，甚至养活自己都成问题。在学校，成绩倒是上等，为什么一进社会，却变成这个样子呢？我真的想不明白。

　　我喜欢编辑之类的工作，也去出版社和论坛面试过，但显然专业素养还是欠缺，喜欢和擅长是两码事。日语翻译的工作我分别在两家公司做过，最后厌倦了工厂的枯燥生活和鹦鹉学舌的工具感，辞职。目前，我在上海一家医疗服务公司做医疗翻译，清闲之余感到时光流逝不等人，青春苦短，这样怎么可能过一辈子？也有人劝我去考公务员，或者建议我回学校重新学个什么专业技能，我都觉得不是很好，真的不知道自己想干什么。我想做的工作，至少，我希望能够有一点可以自我安慰的社会价值，这样即使年华老去，一生也应该是值得的。

　　　　　　　　　　　　　　　　　　　　　　　　松可

松可:

　　你好。

　　前一段时间，我看过美国的一个针对女性幸福感的调查，具体的数据我忘记了，但是结果却出乎我们的意料，因为调查显示，大多数的美国女性虽然承认自己的地位比从前提高了，赚的比从前多了，但是她们却都认为自己比从前更焦虑了，压力更大了，幸福感降低了。从前的你，可能还只需要对付一个家庭，把丈夫、孩子、邻居这些人际关系打点清楚就足够了，但是现在不同，一个女人也同样要面对这个庞大的世界，要和男人一样面对竞争和生存的压力，也要应付老板、同事、客户。可是，我们生存的价值到底在哪里？因为它更多样化、多层次了，因为它有了更多的选择，"价值"这个词的意义变得更宽泛了，反倒让人更加迷茫了。

　　我想这个调查要是放到中国来，可能我们这些在外打拼的中国女人的幸福感，比美国女人还要低很多吧。从前，我们父母那种嫁鸡随鸡嫁狗随狗的年代，虽然女人的选择是很少的，但是相对来讲精神上的压力也很少，有丈夫，有单位，内心安定，日子就按部就班地过下去就行了。当然，过去那个年代，也有很多那个年代的悲剧。很多女性不自由，才能得不到更好地发挥，意见和人格尊严得不到重视，只是，我觉得这世界上其实任何时代都是不可能成全所有人的。总有一部分人在他所处的那个年代如鱼得水，另外一些人就仿佛困兽般，这样的故事总是大同小异的，男女皆适用。这就是为什么现在我们身为女性，有的时候反倒觉得我们母亲那一代人生活得比我们更幸福的缘故，这和大时代有关，也和个人性格有关，无论怎样，个人总是渺小的，既没有办法选择出生的年代，也没有办法阻挡时代的脚步。

就像现在这样吧，很多女性在走上社会后，却发现这个社会虽然给了她们一点发展空间和资源，可付出的代价和需要承受的精神压力却是更大的。难道就要回厨房去当家庭主妇吗？我想那也是不现实的吧，双职工家庭还生活得捉襟见肘呢，更别提把生活重担都压在一个男人身上。再说了，从前我们父母那一辈人，谁要是婚姻出轨，全社会都会替她捍卫她的婚姻。我们暂且不讨论这种做法的对错，只说现在时代不同了，外面的小三虎视眈眈、理直气壮，婚姻脆弱不堪，社会对这种事的态度也早和过去不一样了，每个女人，当她的婚姻出现状况的时候，她都是一个人在孤军奋战，别人帮不上什么忙。所以，一个女人真要把宝都押在家庭上，她得有多大的胆子啊！有时候，我看到一些人劝导现代女孩子回归传统的时候，就会想，大时代已经不同了，老办法是解决不了新问题的。你单单要求女人回归传统价值观有什么用呢？你这样教人家，你能包她幸福吗？她不幸福你包赔一千万吗？

前一段日子，有一个姑娘曾经和我哀叹说，为什么我就找不到一个靠谱的男人呢？我的命为什么这么不好？我说，并不是你的命不好，因为这个时代就是这样的，因为这个社会到处都在宣扬一种很急功近利的价值观。所以，靠谱对于男人来说，已经不是主要的美德了，能赚钱、成功才是。在这样的社会里，你怎么可能轻易找到一个靠谱的男人呢？你可能命运不是很好，但也不会是特别不好的，大家都这样而已。当然这种事，你也不能去怪男人，主流价值观这种东西，都是男人女人共同建设的结果，大家添砖加瓦都有份，相辅相成，最后就变成这样了。

我并不是要把责任都推给社会，也不是要大家怨天尤人，只是有时候人的烦恼，常常是一种只看到自己，和周围人比较，钻牛角尖儿似的烦恼。我一直觉得无论是男人还是女人，都要适当地读一点历史之类文科方面的书，这样就知道，有些问题，真的不是我们个人的问题，而是这个时代的问题。就比如我们的好多媒体都喜欢贩卖成功学，虽然对男性和女性成功的定义不大一样。但总之是一种成功学的价值观，就好像只有那些完美的、有才能的、聪明伶俐的佼佼者才配在这个世界活下去一样。如果我过得不幸福，那全是因为我太平凡、太平庸，我不够努力、不够聪明，反正都是我的错。可是，我却常常想，平凡有什么错？一个国家，如果可以被称为美好的国度，难道不是因为它能让更多平凡的、普通的人都能够有尊严、有安全感、快乐地活着才对吗？一个国家，如果靠自己的双手和努力生活的人都不能够安居乐业，那难道是这些普通人的错吗？如果这个国家只是为那些有钱有势的人准备的弱肉强食的森林，只是为那些聪明的佼佼者准备的，那么这是这个国家出了错，并不是我们的错啊。也许你会说，我知道这些有什么用呢？难道可以改变时代吗？可以改变这个国家吗？当然不能，但是至少能让我们改变一点点自己，让我们学会在心里放过自己，也放过自己的爱人，不要太过责备自己和家人。要知道，人有时候要放过自己，人生也许还可以感受得到那么一点点快乐和安然。而这一点点的快乐和安然，对于这艰难的生活来说，还是有那么点作用的。

个人的努力，该做的还是要去做到，属于我们个人的错误，我们勇敢地去面对，但是那些不属于我们的错误，我们也不能都揽在身上，这不是怨天尤人，只是不能妄自菲薄。

人生中的沟沟坎坎，遇到什么问题就解决什么问题好了。对大时代无能为力的事，就不要想太多，更不用怕，因为怕也没什么用。我看了你的愿望，都是很普通的上进的愿望罢了，只要你自己能高兴，它们其实都大同小异，没有一样是毁人的。如果世界太大，选择让你感到困惑，那就选让自己快乐的事去做好了，这个时代的命运，不是你一个人的，是我和你，我们一起在默默承受着的。面对历史的洪流，安之若素，尽量让自己高兴一点儿。只是，当你发现你但凡有一点点力量可以改变它的时候，哪怕一点点，都要努力去尝试。我想这是我们唯一能做的事。

闺密是用来被抛弃的

亲爱的水木丁:

    你好!

    我从来没有想过给你写信,我原以为我会和你一样
强大,没想到,几天前突发的状况把我打回了原形。简单
来说,就是我被一个有六年感情的闺密耍了。现在的我,
因为她被公司遣返回国,丢了工作,没有钱,还欠了一笔
债。我在北京没有地方去,在我另一个同学家暂住。我给
自己最后一次留在北京的机会,前几天刚面试了一家公
司,如果他们要我了,我就留下。如果不要了,我就收拾
东西,回家去了。

    我的同学给我分析了很多为什么这个女子会这样对我的
原因,结语是我交友不慎,防备不高,太过天真,不认社会
法则,自作自受。我说我想回家去过简单的生活,当个老师

什么的，她们认为我还是没有放下心里的那个结，交朋友的这个方式和看社会的方式如果不加反省，会导致我下一次在同样的问题上挨刀。

我很努力地自己照顾自己。我只是想简单地生活，简单地对周围的人。我不想陷入纷争中去，也许就像她们说的一样，你想要简单的生活，可是根本没有简单的生活，你不认清你的环境和周围的人事关系，你只有被耍的份儿。

这难道真的是生存法则吗？我就想用我的本来面目活着，我不想管别人的队伍是怎么站的，我只想过我自己的日子，我怎么了我？我招惹谁了？我毕业两年了，这算是第一课吗？

血影狂刀

* * *

狂刀妹妹：

你好。

这个世界上很多人是不相信女人和女人之间会有真正的友谊的，你的这封信倒成了他们这种看法的一个佐证。前一

235

段时间，我在给一个出版社做嘉宾的活动上，也有女孩问过我同样的问题，我想也许在这里，正好借给你回信的这个机会，好好聊聊我对女人和女人之间友谊的一点看法。

其实，以我个人的观点来说，我是不大喜欢"闺密"这个词儿的，总觉得这个词儿的格局有点儿小，是小女儿的甜腻腻的方式。但我也不得不承认的是，这仍然是现在大多数女孩子之间的交往方式，一起逛街吃饭、倾诉心事、分享秘密、发泄情绪，然后就变成了恨不得时时刻刻同吃同住的连体婴，好得不得了。坦率地讲，这样的闺密，我自己也好，身边的朋友也好，从小看到大，最后走入社会或者各自嫁人生子之后，淡了的、散了的，甚至反目成仇的也不在少数，跟当初如胶似漆的感觉完全不是一回事。就像你这样，六年的感情和信任毁于一旦的故事，我看了其实也不觉得惊讶。要知道，闺密就是用来被抛弃的，这是一句可能有点狠，但也很实在的话。

让我举个例子来说得更清楚一点吧。一般女人需要缓解压力的时候，最倾向于采用的方式就是倾诉。所以闺密最大的一个作用就是互相当垃圾桶，这样做当然可以让彼此更加亲密。只是有时候人的感情也是很微妙的，比如一个女孩的事儿总比她的朋友事儿多，她每天倒十条垃圾，而对方只有两条垃圾，时间久了，每天被倒更多垃圾的那一方就一定会心里不平衡。闺密之间作为一种感情交换，互为垃圾桶，都被对方倒了很多的情感垃圾后，这些外界所带来的负面情绪就必须有所缓解，所以，她们只好再把这些垃圾转倒给别人，于是有时候就会发生两个看上去很要好的女孩，却对第三个人说另一个人的坏话这种事。再换个角度来说，互相交换秘密的等级常常是闺密到底有多密的一个重要标志，但是秘密这个东西，有时候是一把"双刃剑"，它可能拉近人与人之间的距离，但知道得太多，也会有被灭口的危险。因为人有时候会莫名其妙地讨厌那个知道自己太多秘密的人，虽然那些秘密都是当初她自己说的，没有人逼迫她，但是当一个姑娘需要忘掉过去，重新开始的时候，一个旧的垃圾桶的存在就只是碍眼，时时刻刻提醒自己不愉快的经历。而新的垃圾桶又哪里找不到？所以，有时候闺密之间翻脸，会更狠、更绝、更无情。

我这样说，并不是说女人和女人之间不能够分享秘密，一起逛街，聊聊男人什么的。而是说，这个纽带很脆弱，它即使一时很紧密，也可能不足够支撑一辈子这么久。等到大家都踏入社会，都长大了，如果你还是只有这些的话，那么很多变数自然而然地就会使这种关系画上句号。所以，我觉得真正能更长久的，是朋友而不是闺密。朋友的概念和闺密是不同的。朋友之间也会适度地分享秘密，但那只是相互交往的一部分，更重要的是，朋友之间还可以一起做更多的事，比如对文学艺术的追求，分享对这个世界的看法，在事业上互相提携，生活上互相关照，一起为这个世界做点什么。最重要的是，首先自己要做一个有营养、对他人有用的人。交有营养的朋友，这样才可以互相从对方身上不断学习到新的东西，而不仅仅是一个闺密。这才是有可能和你一起走得更长久的女朋友。它是一种肩并着肩，向世界观看，手牵着手，一起向未来走的关系。这样的关系，是盟友和队友的关系，它比很多短视的利益更重要，所以它可以抵抗很多外力的破坏。而两个女人或者几个人扯起手来，自己圈出一个封闭的小天地，每天只盯着研究自己和自己周围那几个人、那点事儿的那种闺密关系，可以是一时的乌托邦，但一旦踏入社会，受到利益的冲击，就很容易土崩瓦解了。所以说，闺密就是用来被抛弃的，一时可以，一世不行。

六年过从甚密的交往，积累了感情是不假，但感情是微妙的、立体的，感情里也包含着不满和怨气，可能只是从前的一句批评的话，一件自私的小事，就点点滴滴成了积怨，如果朋友之间正面的、积极的作用不大，给予的营养不够，

238

那时间长了，这些积怨自然会爆发，这友情也很容易被现实打败。那些最后能够不离不弃的姐妹，是因为她们顺利地从闺密升级成了朋友，彼此能跟上对方的脚步，有了互相扶持着一起向前走的共识和认知，才能共同走向未来。当然了，这样的友情来之不易，不仅仅是女人之间，男人之间也一样。所以，连鲁迅先生都会说"人生得一知己足矣"这样的话。所以，就算是真的友情到头了，大家做不成朋友了，那就看在那曾经共同走过的青春岁月的分儿上，记住美好，尽量忘记怨恨，挥挥手说再见，各自走自己的人生路就是。人和人之间也是讲缘分的，旧朋友去了，也许还会来新朋友。人生就像是公共汽车，每个人在我们的生命中上上下下，陪伴我们的只是一段路程，爱情、亲情尚且未必能长长久久一辈子，对友情，又何必强求这么多呢！不过，很多友情，常常是过了那个坎，后面就能相安无事地陪伴一辈子。不需要太多激情维持着，大家彼此习惯了就可以，友情不像亲情那样责任过重，的确是比爱情相对容易一些。所以，从这一点来说，友情绝对是个好东西。

最后想跟你说，不要因此而不相信友情，也不要因此而不相信自己对人的判断力。有些感情，当初是真的，现在变了而已，这都是很正常的人性。对爱情，对友情，可以看重，但不能过分依赖，一切随缘就好。不过，人不经历过这一遭，谁也不会明白。所以，这是不是她的错其实已经无所谓，但绝对也不是你的错。这只是生活安排给你的必修课。

我们凭什么要自卑

水木丁：

你好。

我是一名大三的学生。一直很关注你，今早情绪崩溃，所以冒昧打扰你。

我是个微微胖的女孩，性格开朗，但唯独不喜欢别人拿我的身材开玩笑。我很受伤，说过很多次，但身边的人似乎不以为意。我觉得每个人总有一处不愿被触及的禁地，既然我说过我不喜欢，那么就不能尊重一下我吗？还是错不在他人，而是我太看不开？

而且，我刚刚获悉高级教师资格证的三门考试我只过了一门，宿舍里，我的成绩最差。我们是一起看书的。这让我很难过。其实，我并不知道自己拿了这个证能干吗？他人的成败也与我没有太大的关系。我清楚地知道自己陷入了一个怪圈，但是没有办法改变现状。面临毕业，我希望自己即使不是最好的那个也要是不错的那个，我很想像他人一样顺利地就职，很想像其他的女孩子一样聪慧、美丽、坚强。可是，我在向那个目标进军的时候太辛苦了。进程总是拖沓缓慢，现状糟糕，或深感孤立无援。我现在似乎连最初的目标也模糊了。我一味地刨根问底，为什么他人可以而我不可以？

孤独地挣扎，人生是不是仅此而已？

Sula（苏拉）

* * *

Sula：

你好。

你的来信里虽然没有很多具体的描述，但是我可以猜得到一些细节，所以明白你会是什么样的感受。我们生活的这个国度，有一个充满竞争和攀比的价值体系，我们小的时候，就被人拿来比成绩、比学习，长大了就要比经济能力、比事业、比家庭，除了这些基本生存的硬指标外，女孩子还要被比长得漂亮不漂亮，身材正不正，好像只有那些什么都好、样样都标准的人才配活在这个世界上一样。因此，很多如对胖人，对剩女等等方面的微妙的歧视常常充斥在我们的生活之中。这些歧视从实质上来说，都来自于这个互相比较和竞争的价值体系。有时候，我们被它伤害，有时候也用它来伤害他人，但很少有人会跳出来想一想，生活是我自己的，我为什么要和别人去比？别人一定要拉我比较的时候，我为什么要就范？要知道，你参与这个游戏规则本身，你就难免会受到伤害，因为它是无情和残忍的，总有人比你漂亮，比你聪明或者比你有钱，你要是不想输，就只有一个办法，不参加比赛，不跟他们玩就是。

也许，你确实比别人胖，可是胖二十斤也好，四十斤也罢，这关别人什么事呢？如果你知道这个世界上有些人，他们总是那么津津有味地喜欢跟你比来比去，讽刺你、挖苦你，只是因为他们需要靠和你比较，打击你的自尊心，拿你的自卑做养分，好来培养自己的优越感，从而支撑他们那个脆弱的虚荣的灵魂，让他们觉得自己活得还不错的话，你要怎么做？使出吃奶的劲儿去和他们比？那么你今天拼命减肥使自己瘦了，明天你就发现可能有个人在跟你比美貌，明天你去整容了，后天又有个人出来跟你比有钱的男朋友……总之，我们这个社会，教育出来了很多这样的人，他们如果真的喜欢这样的游戏，就总会一直玩下去。如果你好强，一直要陪他玩的话，那么你有一天就会发现你的生活不是你自己的，而是别人的。一个每天都在疲于奔命地证明自己、追赶他人脚步的人，内心只会充满焦躁和不安，赢了还想赢，哪有个头儿呢？怎么有可能停下来，好好地享受生活？怎么能好好学会善待自己，和自己相处呢？

　　教给你一个不卑不亢的做人的方法，那就是时刻告诉自己，生活不是一场与他人的竞赛，如果你真有什么人需要战胜的话，那个人只能是你自己。面对那些比我们有钱的人，其实也无所谓吧，问问自己，我小时候是父母养，长大了靠自己养，我没欠他们一分钱，也不是他们养的，他们也不是我什么人，我为什么要自卑呢？遇到比我们长得漂亮的女孩，其实也无所谓吧，我爱的人爱我就好，人家三千宠爱于一身是人家的事，各自有不同的活法，我为什么要自卑呢？碰到帅哥就更没必要自卑了，除非你想让人家爱你、娶你。否则的话，顶多是朋友一场，以后谁帮谁，谁认识谁都是不一定的事。所以你看，人要想活得舒服点儿，首先要放低自己的比较之心、贪婪之心。除非你是要巴巴地跟在人家屁股后面讨好处，要求美女跟你上床，要求帅哥青睐你，否则的话，这世界上没有任何人，是天生就拥有让你自卑的资格的，因为他们的生活与你无关。我们是什么样的人，我们的生活是否完美、正常，这些，都是我们自己的事。

至于那些有事没事就喜欢拿你的身材来开玩笑的人，既然你已经告诉过他们了，那么我觉得这就并不是你的敏感。要知道在这个世界上，有的时候，人们是会玩一些把恶意藏在玩笑之下的把戏的。因为这样的话，如果你激动了、生气了，就变得好像你太较真儿，玩不起一样。说白了，真正善良的朋友，如果一旦发现自己开玩笑伤害了你，他们是会内疚和改正的。家人和朋友如果担心你的体重，也是会正面、严肃地和你谈这个问题的。但是人性是有恶的成分的，有时候，如果一个人是在依靠你的自卑为自己的自信和虚荣心提供养分的话，那么他们就会对你的自卑上瘾。除非他们找到了另外的能够满足他们这种精神需求的对象。否则，你就一直是他们的猎物，虽然他们可能自己都没意识到。碰到这种人，怕和自卑都是没有用的，含糊委婉地解释你的感受也是没用的，因为他们不是真的不明白，你还不如就直接告诉他们，这"关你屁事"好了。不要怕失去不尊重你的朋友。如果你不能用勇气和魄力赢得尊重，你就永远交不到真正的朋友。

最后补充一点，做一个不卑不亢的人，虽然要放下比较之心，但并不是要活得不努力，不思进取。不跟别人比，不等于不跟自己比。比起昨天，你想做的事，你有没有努力去做，有没有进步，你最该问的人是你自己。回到身材这件事，我觉得你也是首先应该问问自己，到底喜欢不喜欢现在的样子，如果喜欢，就继续；如果不喜欢，就去减肥，去努力做自己想做的人。只是这一次，你不是因为迫于别人的压力，而是因为你喜欢这么做而已。我想这样的感觉，才是真正的有希望的人生的感觉。

跋

有感情的情感专家

绿妖/文

前几天遇到一个女朋友，聊起繁难家事，最后我说：你给水木丁写封信吧；另一位女朋友，遇到一个无解难题，咨询水木丁，简短问答之后，女友当机立断：我要给你写信。水木丁吃完午饭回来，她化名换背景的邮件已经出现在邮箱。

一般来说，和尚、星座专家、风水大师，还有情感专家，都是越远越灵。水木丁打破了这种偏见。

我们认识时，她刚到北京，一个人租房，一个人租辆货车去南城买二手家具，一个人跑来跑去找工作。但我很少听见她诉苦。她的精神跟她的金钱观一样爽朗清洁：跟她吃饭永远都是AA。倾诉，对于她或许就像逼迫别人埋单，或自己抢埋单，那太不爽利。

后来，在这个庞大的城市里，我们一点一点熟悉起来，我们最常约在大望路的现代城，那里有小饭馆，有"光合作用"书店，吃完可以买书，买完书，就可以一圈一圈地绕着现代城散步，聊最近看的书，聊各自的生活。她有许多生活的智慧，会告诉我：自己置办一套家具，也用不了多少钱。可是租个空房，房租会便宜很多，而且家具可以用很久。包括超市快关门的时候去，青菜比菜市场还便宜。现在我明白，她的生活智慧，都是被生活磨出来的。

就像她身为情感专家的智慧，也是被生活一层层磨出来的，所谓"久病成神医"。而不诉苦的人，却成为了一名职业的烦恼倾听者，这是一件想一想都觉得有意思的事。

在我国，"情感专家"是一个门槛极低的职业，只要会写汉字，只要有点名气，不管你是诗人、歌手、剃头的还是画画的，都能在报刊上开一个情感信箱，坐堂应诊。可是一个大男子主义者，很难成为好的情感专家，因为他不懂女人；一个女人，很难成为好的情感专家，如果她只是站在来信的姑娘这边，帮忙痛骂让她们伤心的臭男人；甚至一个好人，也很难成为好的情感专家，就像我的另一个朋友，收到别人的来信，只会笨拙地回复：你写得太好了，我都看哭了……是的，好人只能陪着心碎的写信者一起哭，可是解决问题，他们没办法，不会。

所以我尊重真正的情感专家。因此，我在不同场合表达过对情感专家界流行的"麻辣烫"风的不满。如果说，最初的断喝，是为了令人一瞬间顿悟，之后蔓延开终至充斥的就是施虐狂与受虐狂的结合，专家们比着看谁骂得漂亮，以博读者一笑。

这样的风格，说到底，是写信和回信的人都不相信，一封信真能解决问题、情感信箱真的有用。

一封信真能解决问题吗？情感信箱有用吗？人真能帮到另一个人吗？

这本书最初的时候，是水木丁在博客上写：你可以给我写信，不保证一定会回。话说得很冷淡，但也有人写了，得到了回复。第二个人偶然看到，于是也写了一封……第三个人……它不是一开始就是一个专栏，而只是，两个孤独的人偶尔碰到了一块儿，说了会儿话而已。

渐渐地，我看到她每次的回信，点击率越来越高。开始有人约她开一个专栏，开始有了稿费。有越来越多的人给她写信，急切地等着回答。但其实又没有什么变化：专栏只用写几百字，她仍然回一千多字。"字儿太少，说不清楚。"

她相信有些问题可以说清楚，有些难题能够解决，一个人，可以帮助到另一个人。

水木丁最早是文学青年，学英语的，写实验小说，语言西式，那时她写的小说我到现在都看不懂。后来，不知从什么时候起，她仿佛打通了任督两脉，文字的结构仍然是西方语言框架式的严谨，文字本身则全然用大白话。

你以为这很容易吗？有段时间，我约她写时事，写三险一金、写通货膨胀、写财经政策……我们看过不少专家写过这些，把政策解读得没人能看懂，看完还是一头浆糊，不知道跟自己有什么关系。水木丁不是那样的专家，她像你的亲姐、亲老师一样，恨不能手把着手，掰开了揉碎了跟你解释。我也是直到看到她的文章，才第一次弄明白了诸如三险一金之类的高深政策。

做到这些很难吗？也就是多替看文章的人想想，别把那些宏观的数据抄来抄去，多查具体资料，自己现实里对这些真懂。但我没见到第二个专家这样做，她不写了以后，也没见到别人这样写。

她的情感专栏，也是这么写的。

能解决的，她解决。比如告诉一个纠结于追求梦想，还是听从现实压力的姑娘，"你的爱好，只不过是家居设计而已，又不是要去当德州电锯杀人狂……为什么就会有人认为心理学就一定会比家居设计有出息呢"；投诉男人的，并不

252

总是得到同仇敌忾的助拳；只是想找找安慰的，她绝不，而是告诉对方，青春、痴情、楚楚可怜、年轻漂亮什么的都没啥了不起，别沉湎，好好读书上进是真；还有一些，真的真的是无法解决，又是那么悲凉的来信，水木丁就说，"活到死的那一天，写到写不出的那一天，爱到不能爱的那一天，仅此而已吧。痛苦不会教会人什么是生的意义，痛苦只教会人，什么是不用问的问题，仅此而已"。

她有一套结结实实的价值观，在职业上、恋爱上、性爱上，她足够开放，但最终，她的脚落在一个踏踏实实的甚至显得守旧的立足点："一段婚姻，假如双方不是因为互相奋不顾身地爱着对方才走到一起的，那么在这条漫漫长路中，如果婚姻真的有可能有什么保证的话，其实就只有最简单的两条：第一，自己做一个好人；第二，嫁一个好人。"——很老套，是不是？又回到了三四十年前，我们的妈妈们恋爱时的标准。同时，她的这一套，跟眼下这个混乱的社会的那一套，却像是恰恰相反——她开放之处，是社会保守的地方；她认为很重要的，却是当下社会认为很不重要的东西。

可是这一套，难道不是一个正常社会应该有的常识吗？怎么辨认常识？你服从它，同时感觉光明温暖，就是对的。而那些扭曲的、屈从的、荒诞的，都是反常识的。只是我们的时代太幽默，我们已经忘了什么是常识，而常常屈从于荒诞，也因此，才会有那么多的纠结。

前一阵去衡山，跟朋友一起爬主峰祝融峰。朋友说，祝融是火神，也是持久光明之意。这个含义，让我有说不出的感动。衡山上络绎不绝、手捧香盒、穿着绣有"南岳进香"字样衣服的徒步香客，或许也是为了这个"持久光明"而来的吧？而这本书里，那些写信的人，那些纠结在被人抛弃以及被抛弃后的锥心的恨意里的，纠结于职业、爱情、婚姻、性、自私、黑暗、父母压力、社会压力与自我之间的扭曲的女女男男们，也是为了想得到一点点光明吧？

也许就因为这样，才有那么多的人，需要给她一封一封地写信。而身为水老师的朋友，我们也真的会在遇到事情时，想：给水木丁写封信吧。